U0630141

图书在版编目（CIP）数据

百万微商修炼笔记 ：如何成就金牌微商 / 殷一岚，康颖著. -- 北京 ：人民邮电出版社，2018.2
ISBN 978-7-115-47718-7

Ⅰ. ①百… Ⅱ. ①殷… ②康… Ⅲ. ①网络营销 Ⅳ. ①F713.365.2

中国版本图书馆CIP数据核字(2018)第002901号

内 容 提 要

移动互联网时代，智能手机改变了人们的生活方式和商业模式。顺势而起的微商，成为未来商业爆发的下一个趋势！未来，微商定会抢占海量市场，成为商业模式的主流之一。现在错过微商，你错过的将不只是财富，还有未来的机遇。

本书从微商发展大势讲起，从微商如何摆正心态，选产品，选团队，加好友、引流，获得客户信赖，轻松卖货，招代理，做好产品服务，构建微商品牌，成就自我等方面，全面讲述微商新手成为金牌微商的方法与技巧。

书中案例均为真实微商案例，操作方法均为百万级代理的真实实践干货，即使零基础起步的你，也能轻松做好微商，成就自我人生！做微商也是成就人生的过程，本书既有方法，也有情怀，在教你如何做微商的同时，更教你如何成就自我，成就人生！

◆ 著　　　殷一岚　康　颖
　责任编辑　李士振
　责任印制　周昇亮

◆ 人民邮电出版社出版发行　　北京市丰台区成寿寺路 11 号
　邮编　100164　　电子邮件　315@ptpress.com.cn
　网址　http://www.ptpress.com.cn
　大厂聚鑫印刷有限责任公司印刷

◆ 开本：700×1000　1/16
　印张：14.5　　　　　　2018 年 2 月第 1 版
　字数：288 千字　　　　2018 年 2 月河北第 1 次印刷

定价：59.80 元

读者服务热线：(010)81055296　印装质量热线：(010)81055316
反盗版热线：(010)81055315
广告经营许可证：京东工商广登字 20170147 号

前言
QIANYAN

移动互联网时代，人们的生活方式和商业模式被彻底改变。微商顺势而来，建立在个人相互连接的社交网络基础上，并演变为商业爆发的大趋势。未来，微商注定要登上商业模式的主流舞台，抢占大量消费市场。关注微商、研究微商，正是对财富与机会的把握。

众所周知，微商发展至今日，比拼的不再是单一的个人能力。毕竟，个人再强也无法与品牌的力量相比。同样，金牌微商团队之所以卓尔不群，也并非仅仅依靠少数能力突出的成员，而是充分调动了从老到新所有成员的力量，使每个人在集体中都能获得成长的动力和成功的喜悦。

无疑，这样的金牌微商团队，其建设和运营并非一朝一夕之事，需要独到的理念、成熟的思维、坚持的付出、科学的方法，既离不开日复一日的实战磨砺，也离不开坐而论道的研讨推演。正是在如此大环境下，本书应运而生，旨在基于广大微商从业者的现实需要，为金牌微商团队的成熟提供丰富的理论和实战营养。

从内容上看，本书着眼于微商新人如何打造团队，在激烈的市场竞争中领先，并由此成就个人和团队的事业。本书既深入细致，又重点明确，开篇以战略性眼光，分析微商发展趋势，帮助微商创业团队摆正心态、调整眼光；随后结合实例，具体分析如何选产品、建团队，如何加好友、引流量，如何打造客户的信赖关系，如何在实战中轻松卖货、管理团队、做好产品服务；最后，本书还系统性地讲述了微商如何构建品牌，进而成就自我等内容。

从实用的角度来看，本书所选用的案例完全来自真实微商团队的实操经典，其中的方法均为百万级别团队所提供的“干货”；从理论角度看，本书作者运用自身从事微商多年的领袖眼光，对每个案例进行剖析分解、引申方法，所展示的理念既简明扼要，又精彩纷呈。语言上，本书也一改同类书的枯燥、繁杂，避免陷入单纯理论的怪圈，以充满情怀的文字力量，帮助读者从感性和理性的不同角度出发，去全面认识和了解金牌微商团队，让读者能够设身处地融入其中，进而获取优秀者所特有的品质与能力。

阅读本书，可以帮助微商学习掌握团队建设、运营和激励等诸多方法，更可以帮助团队进一步了解提高团队人员素质、经营绩效的技巧。本书将具体实践同书中理论相结合，能够帮助微商团队的领导者免除管理效率低下的烦忧，并由此起步，实现从优秀个人到金牌团队的飞跃。

纸上得来终觉浅，绝知此事要躬行。读者不可能仅凭本书就深谙微商金牌团队的修炼之道，但可以将本书看作登堂入室的向导，从本书生动精彩的案例、观点和方法中，汲取不断进步的勇气和力量。

自序

ZI XU

成就金牌微商不是梦

有人说，记忆是人生中的最大财富。是记忆，让人类感受到友情的可贵、爱情的真挚、家庭的温暖、事业的荣耀；是记忆，让人类看见自然的壮丽、孩子的可爱、微笑的甜蜜、世界的美丽；是记忆，让那些有共同理想和追求的人走到一起，并肩奋斗努力，从不会退缩畏惧……

今天，作为知名微商企业的创始人，我们可以算得上事业有成，共同管理着一家年利润不错、团队人数过万的大型微商企业。事务繁忙，经常让我们各自忙碌到深夜，像以前那样长谈的时间似乎变少了，然而，在我们的共同记忆中，却从来缺少不了乳胶这种东西。

记得那年，一个偶然的机会，我们在泰国相互认识，并开始共同深入探讨和了解当地的特色产品、商业模式。或许是命运的安排，我们很快彼此发现，对方都是热爱生活的人，具有追求改变的性格，都对睡眠健康事业有着浓厚的兴趣。正是在这样的前提下，Skytex 这个乳胶品牌走进了我们的视野。

Skytex 是泰国具有悠久历史的乳胶品牌，从创立之初，品牌旗下的所有产品就采用了先进的生产工艺和严格的质量保证体系。优质的原材料，悉心的服务体系，更进一步保证了每一款产品的高端品质。正因如此，在热门旅游点附近总是能看到争相购买该产品的中国游客。

目睹这一场景，一个强烈的念头几乎同时闯进我们的脑海：这样好的产品，为什么只能在泰国买到？为什么没有人将它带到国内？

这个念头一旦产生，就再也挥之不去。感谢时代的机遇，也感谢移动互联网技术的迅猛发展，我们很快着手，利用刚刚兴起的微商商业模式，将 Skytex 产品引进到了国内。创业之初，我们想到的并不是挣钱，而是用满腔的热情去做好一件事——推动健康睡眠生活方式。为此，我们将每一款产品介绍给身边的亲朋好友，期盼着他们能够通过Skytex体验到更加美好的人生。

有心人，天不负。短短数年中，Skytex不仅成为了许多人难以割舍的枕上情缘，更成为几十个微商团队、上千名成员的梦想寄托。一路走来，有欢笑，也有泪水；有付出，也有回报；有过客户的误解、成员的牢骚，但更多的是化解误会之后的欢乐、解决问题之后的感恩。Skytex帮助的不仅是无数终端客户，也让许多原本两手空空、毫无资源的普通人，通过自己的勤劳和智慧，获得了财务自由与情感充实的生活体验，步入了之前从未想过的美好人生。也正是在他们的集体支撑之下，Skytex从默默无闻的引进品牌，孕育出市场上颇具影响力的众多微商金牌团队！

这一路，我们既是参与者，也是见证人。我们看到过成员们如何从茫然无知的新手，成长为强大的带头人；我们看到过全职太太、大学刚毕业的女生等弱势女性们，如何在团队中不断磨砺成长，直到成熟；我们也看到过一个个微商团队如何从无到有、从小到大，如雨后春笋般充满着新鲜灵动的生命活力，唱响了新时代商业女性的赞歌！

正是这一切，使我们内心充溢着力量，我们想要通过一本小书，将这样的力量表达与分享。不仅分享给我们事业的伙伴，更希望能让每个陌生人由衷体会到微商的强大力量。

就这样，在繁忙紧张的工作之余，我们埋头于整理资料、搜集故事中，无数闪光的念头，像沙海中的金子一般，在脑中迸发，任由键盘的敲打，凝聚成面前的文字……

经过长达半年的写作、整理和修改，这本书几易其稿，终于得以问世。其实，这本书的诞生，又何止是我们个人的努力。它所包含的一切，正是每个Skytex人所拥有的宝贵记忆！请亲爱的读者翻开本书，和我们共同走到那些百万金牌团队的记忆中，领略属于这个时代的微商人物的风采吧！

殷一岚

康颖

目录

〈 MULU 〉

第1章 做微商，成就现在也成就未来

1.1 错过微商，你就错过了财富金矿 2

1.2 创业，微商是条捷径 5

1.3 微商不是坑蒙拐骗，要踏踏实实 8

1.4 做微商，我的自由我做主 10

1.5 微商是条修行路，浮躁不得 11

第2章 选对产品，微商就成功了一半

2.1 选真品与正品，质量永远最重要 15

2.1.1 质量决定信任关系 15

2.1.2 质量决定市场竞争力 16

2.1.3 挑选正品的5个绝招 17

2.2 自己疯狂喜欢的产品才最好 20

2.2.1 产品应该是你生活形象的一部分 21

2.2.2 如何判断产品的“上瘾”特性 22

2.2.3 产品应该能点燃营销的热情 22

2.2.4 如何跳出“只赚钱”的思维陷阱 24

2.3 亲身体验是产品最具说服力的口碑 25
2.3.1 如何对产品知根知底 26
2.3.2 体验产品的重点 28
2.3.3 产品体验的特殊策略 29
2.4 精准定位产品，别把自己搞成杂货铺子 30
2.4.1 善于细分产品与用户 31
2.4.2 如何精确定位产品 32
2.4.3 如何以物流来定位产品 34
2.5 选品牌：好品牌是最佳代言人 35
2.5.1 看上级的实力 35
2.5.2 看品牌的知名度和美誉度 37
2.5.3 看品牌授权文件 38
第3章 选好团队，和什么人在一起就有什么结果
3.1 团队领导是向导，事半功倍少不了 41
3.1.1 管理者应该具备的 3 大能力 42
3.1.2 领导者需要具备的销售技巧 43
3.2 你的直接领导决定你发展的高度 44
3.2.1 领导者的思路 45
3.2.2 领导者的培训 47
3.2.3 领导者具备的“硬件” 47
3.3 完善的培训制度与教育系统是保障 49
3.3.1 好的培训机制让微商事半功倍 49
3.3.2 优秀微商团队领导者的内训笔记 52
3.4 团队正能量是你坚持下去的良药 55
3.4.1 积极进取的阳光能量 55
3.4.2 领导者以身作则的正能量 56

3.4.3 团队中的意见大咖 57

3.4.4 团队目标很重要 59

3.5 不盲目囤货，不独担风险的团队才是好团队 60

3.5.1 囤货到底好不好 60

3.5.2 交不交押金 61

3.5.3 如何承担风险 62

3.6 利润分配制度决定团队能走多远 63

3.6.1 业绩与利润分配 64

3.6.2 工作难度与利润分配 65

3.6.3 特殊贡献与利润分配 65

第4章 引流：精准定位，疯狂吸粉，做个微网红

4.1 加一千个路人不如加一个精准客户 67

4.1.1 引流无定法 67

4.1.2 引流要对潜在用户进行画像 69

4.1.3 引流的“隔离”法 70

4.1.4 引流与产品定位 71

4.2 要熟知人性，找到引流的“藤” 71

4.2.1 引流的藤——钱 72

4.2.2 引流的藤——人性 73

4.2.3 引流的藤——学习 73

4.3 装修朋友圈，传播正能量 74

4.3.1 朋友圈系统化规划 74

4.3.2 朋友圈内容及发布秘密 76

4.4 活跃微信群，做个好教练 78

4.4.1 教练式引流的优势 78

4.4.2 教练引流法秘诀 80

4.5 “借塘打鱼”与“自建流量池塘”......81
4.5.1 如何准备“鱼饵”......81
4.5.2 如何找到线上“鱼塘”......82
4.5.3 如何找到线下“鱼塘”......83
4.5.4 借塘与建塘......84
4.6 个性化包装自己，做大咖，做网红......85
4.6.1 网红与大咖能自带流量......85
4.6.2 如何个性化包装自己......86
4.6.3 网红与大咖引流的原则......88
4.7 全渠道引流，多平台沉淀......89
4.7.1 百度系引流秘诀......89
4.7.2 腾讯系引流秘诀......90
4.7.3 其他平台引流秘诀......91

第5章 打造信任感，诚信微商很重要

5.1 要让别人相信，先让自己可信......94
5.1.1 信任迁移法......94
5.1.2 沟通中不可急功近利......95
5.1.3 沟通的黄金步骤......96
5.2 让客户觉得你的产品好到极致......98
5.2.1 附加值法......98
5.2.2 描述法......99
5.2.3 比喻法......99
5.2.4 故事法......100
5.2.5 对比法......100
5.3 耐心沟通，悉心售后，和客户做朋友......101
5.3.1 如何发现客户需要什么......101

5.3.2 如何做全面而持续的售后服务 103
5.4 全方位展现优势，打造权威感 105
5.4.1 极具吸引力的文案 105
5.4.2 专业形象 106
5.4.3 专属的知识体系 106
5.5 善于造势，热卖感营造信任氛围 107
5.5.1 客户口碑 108
5.5.2 明星效应 109

第6章 生意好不好，关键看成交

6.1 如何设计自己的成交说话技巧 112
6.2 快速成交的 5 个大招 115
6.2.1 心理暗示法 115
6.2.2 优劣势对比成交法 116
6.2.3 打开心结法 117
6.2.4 对抗“价格拖延” 118
6.2.5 情境成交法 118
6.3 成交促单的 6 个技巧 119
6.3.1 主动总结法 119
6.3.2 选择法 120
6.3.3 示弱法 121
6.3.4 优惠回馈法 121
6.3.5 激将法 122
6.3.6 引导客户说“是” 123
6.4 成交中新客户与老客户的管理 125
6.4.1 成交中如何管理新客户 125
6.4.2 老客户管理的秘诀 128

6.5 营造客户参与感，形成客户链......130
6.5.1 打造极具吸引力的沟通空间......131
6.5.2 打造客户链之体验分享......132
6.5.3 打造客户链之奖励客户......133
6.5.4 打造客户链之参与途径......133

第7章 搞不定团队成员，你只能一个人干到死

7.1 让团队成员充分相信，团队才能做大......137
7.1.1 个人形象塑造秘诀......137
7.1.2 如何打造专业性......139
7.1.3 如何打造团队共同点......140
7.1.4 如何展现诚意......141
7.2 吸纳精英加入，营造团队权威感......142
7.2.1 微商如何进行人才储备......142
7.2.2 微商团队成长策略......143
7.2.3 团队精英的能力类型......145
7.3 壮大团队，教育先行......146
7.3.1 每天检查朋友圈......146
7.3.2 表扬成员固定化......147
7.3.3 会议固定化......148
7.3.4 假扮成“神秘顾客”......148
7.3.5 关爱固定化......149
7.4 持续不断激励团队成员，成为合格教练......150
7.4.1 物质激励秘诀......150
7.4.2 精神激励秘诀......152
7.5 打造系统，自动运转，大家一起赚钱......154
7.5.1 授权功能......155

7.5.2 一键发货 155
7.5.3 控制价格和防止窜货 156
7.5.4 防假货功能 156
7.5.5 订单管理功能 157
7.6 成为团队成员的精神支柱，一起圆梦 157
7.6.1 目标设定 158
7.6.2 目标及愿景激励 159

第8章 搞好客户服务，不做一锤子买卖

8.1 团队成员也是客户，善待你的团队成员 162
8.1.1 围绕成员需求设定目标 163
8.1.2 打造良好的服务环境 164
8.1.3 对团队成员进行客户分类服务 164
8.2 赞美客户，留住客户，增加复购率 166
8.2.1 赞美要彰显诚意 166
8.2.2 如何赞美男性 167
8.2.3 如何赞美女性 169
8.2.4 如何赞美同行 169
8.3 及时解答提问，多揽责任，把服务做到极致 170
8.3.1 品牌问题如何回答 171
8.3.2 品质问题如何回答 171
8.3.3 价格问题如何回答 172
8.4 细节感动客户：客户回馈的 8 个窍门 174
8.4.1 谈论工作追求 176
8.4.2 谈论家庭 176
8.4.3 谈论客户的兴趣 177
8.4.4 结合环境了解需求 177

8.4.5 回馈方案 178
8.4.6 回馈与产品推荐 179
8.4.7 回馈与客户链 179
8.4.8 回馈与品牌宣传 180

第9章 塑造品牌：没有品牌你永远是个卖货的

9.1 品牌才是微商极具价值的资产 182
9.1.1 个人美誉度打造 183
9.1.2 产品形象打造 184
9.2 品牌创意与形象设计的 5 个关键 185
9.2.1 品牌应该“有用” 186
9.2.2 品牌应该“有趣” 187
9.2.3 品牌应该“有爱” 188
9.2.4 品牌应该“有型” 189
9.2.5 品牌应该“有力” 190
9.3 品牌故事讲得好，客户少不了 191
9.3.1 独特性 193
9.3.2 曲折性 193
9.3.3 升华 193
9.4 品牌场景与品牌传播渠道 195
9.4.1 场景化体验打造 195
9.4.2 如何以场景推动传播 197

第10章 借势造势，趋势才是最大的红利

10.1 微商是未来最具价值的商业模式之一......200

10.2 选好趋势产品，微商能裂变......202

10.3 借势大咖与明星团队，你能少走弯路......205

10.4 为产品和团队造势的大招......208

10.5 相信自己，相信团队，微商才能赚钱......212

10.6 今天的努力是为了明天过得更好......214

第 1 章

做微商，成就现在也成就未来

1.1 错过微商，你就错过了财富金矿

1.2 创业，微商是条捷径

1.3 微商不是坑蒙拐骗，要踏踏实实

1.4 做微商，我的自由我做主

1.5 微商是条修行路，浮躁不得

1.1 错过微商，你就错过了财富金矿

人生没有梦想，注定充满缺憾，“财务自由”是当下无数人的梦想。伴随经济的发展和改革的推进，“耻于言利”的观念早已随风而逝，探求市场奥秘、寻找财富之门的努力，为人们带来种种充实、乐趣和自信。

在如潮般的追梦大军面前，俨然出现了一座不可错过的财富金矿——微商。不妨来看看普通女孩小钰是如何撬动这座人生金矿的。

小钰是土生土长的川妹子，祖辈经商，从小就期望凭借自己的智慧和能力打开财富的宝库。因此，她做过房地产销售，担任过三年瑜伽教练，开过中餐厅，也做过服装生意。

结婚以后，虽然丈夫家里条件不错，但小钰还是希望能独立创业。在她的财富梦想中，钱不是唯一的，而是既要有幸福的家庭，也要有成功的个人事业。然而，由于做了多年的全职妈妈，她不认识什么朋友，也没有什么事业圈子。这一切，都让她距离财富梦想非常遥远。

幸运的是，当小钰的第二个宝宝出生之后，有朋友送了她一个婴儿枕头。小钰很快发现这个品牌的枕头对婴儿很好，既能固定头型，又有良好的吸汗效果。她意识到，这样的产品，背后一定蕴藏着巨大的财富机会，于是很快选择加入了该产品团队。

短短 10 个月之后，小钰所带领的团队人数已超过 200 人。团队内还细分出很多小团队，包括山西、河北、北京、四川、西昌、雅安团队，还有“女人帮”“清一色”“麦田”“精益求精”“婷不下来”团队等。团队销售业绩超过 500 万元，

小钰也从只能照顾家庭的全职太太，成长为手握丰沛财富的公司董事。

小钰能从微商中获得完满的人生财富，相信你也可以。为此，你需要了解什么是微商。

微商，是企业或者个人基于移动互联网、社会化媒体开展的新型电商。从现有模式上看，微商主要分为基于微信公众号或其他社会化媒体的微商、基于个人微信朋友圈的微商、基于移动电商平台的微商三种，如图 1-1 所示。

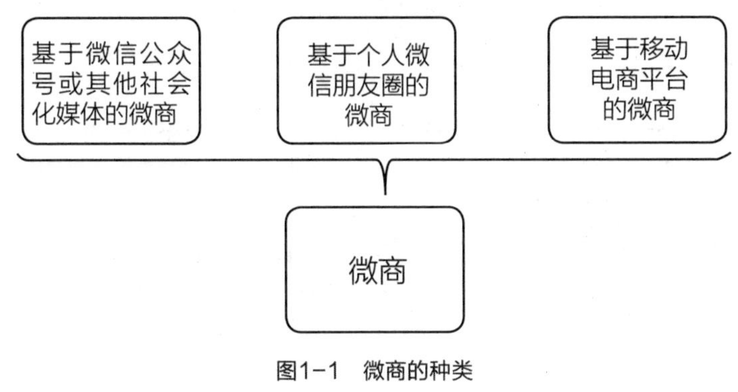

图1-1　微商的种类

和传统电商不同，微商利用移动社交网络“连接一切”的能力，实现产品的社交分享、熟人推荐和朋友圈展示。成熟的微商流程包括基础完善的交易平台、营销插件、分销体系和个人端分享推广部分，整体已成为重要的服务行业，其中包括囤货自发、代理发货等不同模式。

此外，无论是单独产品体系还是整个行业，微商都存在成员规模、客源数量、产品价格等多种因素所形成的纵向等级区分，等级越高，利润越大。

微商属于年轻行业，诞生于 2013 年甚至更早，伴随微信平台的快速发展而发展。

在最开始阶段，微商的“掘金者”主要以代购、非标准产品分享购买为主；不久之后，团队机制发展完善，更多品类陆续进入该行业，其中包括化妆品、母婴用品、养生保健品、高端农产品、高端零食、古董文玩等。

与此同时，从业人数迅猛增加。根据权威统计数字，2013 年微商从业人数只有几十万，第二年飙升到数百万，2017 年已经突破千万。成交规模则从不到 100 亿元，一路直逼 2016 年的 2000 亿元。

微商何以爆发得如此迅速并蕴藏着无穷无尽的财富魅力？其背后究竟有怎样的致富魔法？原因如图 1-2 所示。

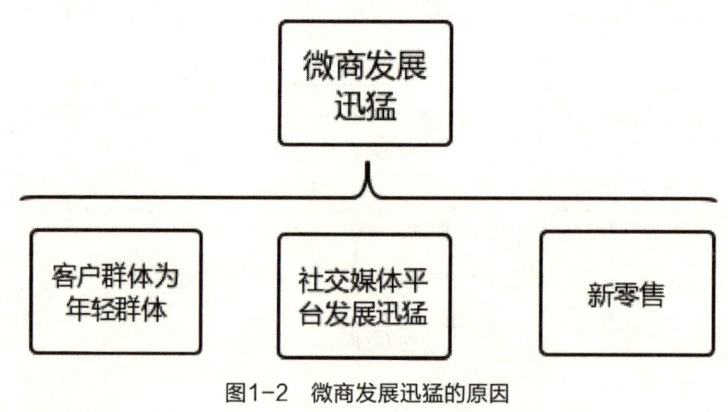

图1-2　微商发展迅猛的原因

首先，客户群体为年轻群体。微商瞄准的客户群体集中在“八〇后”“九〇后”等年轻群体，相比而言，“六〇后”“七〇后”人口红利已经快速消退。社会中相对年轻人群的消费需求，伴随微商的成长而集中起来，为整个市场提供了大量的产品利润。

其次，作为微商的载体，微信等社交媒体平台发展迅猛，提供了强大支持。从腾讯官方发布的《2016 微信数据报告》中可以看出，2016 年 9 月微信平均日登录用户达 7.68 亿，且使用群体呈现越来越强的年轻化趋势。

最后，从零售业的发展变化来看，单独依靠互联网电商的弊端逐渐凸显，传统零售也陆续走上搭建微商体系的新零售道路。大企业纷纷启动官方商城、官方微信，创业团队则自主吸引流量，将用户导入微信平台并建立会员体系。

在如此变化下，未来的零售行业将会呈现电商、微商和线下传统零售三足鼎立的态势，不会有任何一方能完全占据主导地位。电商不可能完全将传统零售取而代之，微商也不会消灭电商和传统零售，三者必然会长期共存、互相融合，形成未来的“新零售”行业。

无疑，微商行业作为新生事物，正在充分向人们展现其潜力和价值，具有无可置疑的广阔前景。伴随交易平台的逐渐完善、社会化客户关系管理和售后服务质量的提升，微商创业恰当其时。

无论环境变化如何剧烈，时代节奏如何变化，微商金矿始终吸引着勇敢者的向往与追求。通过自我努力，拥有应得的财富，微商从业者的生活与事业也将璀璨夺目。

1.2 创业，微商是条捷径

普通人创业，在今天变得越来越难：年纪太轻的缺乏经验和技术，年纪太大的又缺乏时间和精力；尚未组建家庭的，显得难以安定；早已拥有家庭的，又不得不有所分心；选择实体创业的，必然面对货源、客源、场地、人工的多重压力，背负重担上阵，更有可能被强大的竞争态势压垮；选择电商创业的，个人则很难有对应的资源和技术能力……

许多人徒有创业想法，却并没有见过他们做什么，甚至连基本的完整设想也无法诞生。

然而，Skytex 微商中国区董事之一霍姐的创业故事，却推翻了这样的现实阻碍。

霍姐是“霍奕奇迹”团队的团队长，当初她发掘培养出的不少新人，现在已经成为 Skytex 的全国骨干成员，霍姐也因此堪称 Skytex 的功勋元老。

作为一名“七〇后”的全职母亲，她在几年前还是一个和网络绝缘的传统女性，虽然开过餐厅，懂得传统经商，但对移动互联网社交工具却一窍不通。而且，由于要常年照顾身体不佳的姐姐，霍姐虽然想创业，但也是心有余而力不足。

一个偶然的机缘，霍姐受到女儿和外甥的影响，学会了使用微信。2015年的大年初一，她闲来无事，便在朋友圈上分享自己使用的某品牌泰国乳胶枕，结果，朋友们纷纷前来咨询代购。就这样，细心的霍姐开始在百度上搜索了解，想要找到最好的泰国乳胶枕。结果，她很快了解到Skytex，并成为该品牌中国区的市场总监，拿到了在中国的总代授权，组建了自己的团队。

霍姐在不惑之年创业，没有学习什么高深技术，也没有拿到巨额的风投，一样成就了非凡事业。

微商是条创业的捷径。相比任何其他创业形式，微商都有着无可比拟的优势，图1–3所示为微商的优势。

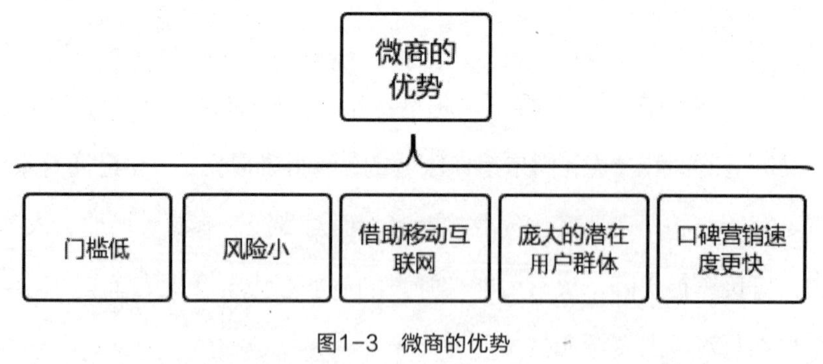

图1–3　微商的优势

第一，门槛低。

微商是少见的利用一部手机就能起步的创业模式，这是其他大多数创业模式所无法比拟的。与实体创业相比，其付出的经费相当低廉，人人都可以参与。

此外，微商创业能够利用碎片化时间进行，无需花费太多时间去事先学习高深理论、操作技巧，而是在直接面对市场的过程中进行实践，对创业者的时间安排、知识技能都没有太高的门槛要求。

第二，风险小。

没有任何人能够确保一次创业就成功。即便许多商业大鳄，也是经过了种种磨难、承担了重重风险，最终才获得成功的。对于绝大多数普通人而言，贷款创业或舍弃现有的稳定工作创业，都意味着巨大的风险，一旦失败，其后果是难以承受的。但微商的出现，提供了新的创业选择：创业者甚至可以兼职开展业务，同时无需投入大量现金的；即便失败，损失也能控制在最小程度。

第三，借助移动互联网。

微商与传统实体零售最大的不同，在于能够将营销做到世界的任何角落。

传统零售，必须要有精准设置的地点，等待顾客上门。不少实体零售开业初期，还需要扫楼、扫街、发传单。这种传统营销形式决定了其营销范围相对狭窄的特性，绝大多数实体店的营销做得再好，了解的人往往也只是在方圆几十千米的范围内。

与此相比，微商能够利用移动互联网技术，突破时空限制，让连接到移动互联网的目标客户群体都能清楚了解产品。创业者不再是门店里的老板，而是化身为网络上的聊天者，能够和不同地域的客户沟通、交流，足不出户就可以营销，省时省力、提高效率。

第四，庞大的潜在用户群体。

微商的潜在用户群体异常庞大：广义而言，任何会用手机连接互联网的人，都有可能是微商的用户。从具体数字来看，截至 2016 年 6 月，中国网民规模达到 7.10 亿，其中手机网民规模达 6.56 亿，占比达 92.4%。

第五，口碑营销速度更快。

口碑营销并非新鲜事物，在传统时代，口碑只能依靠口耳相传、效率低下。而微商则能够利用微信、微博等基于现实人际关系的移动互联网社交工具，迅速建立口碑、打造传播链条。这样，就很容易实现几何倍数的滚雪球式营销发展。

总之，微商作为创业手段，入门门槛低，启动迅速，转向便捷，效率提升空间大。如此多的优点，让微商备受创业者欢迎。但正因如此，从事微商创业也面临更多的竞争，更需要参与者有充分的决心、行动和毅力，才能过人一筹。

1.3 微商不是坑蒙拐骗，要踏踏实实

伴随微商如雨后春笋、遍地开花，行业发展在利弊两端都已充分体现。一方面，优秀微商为客户带来产品的价值、为成员带来事业的希望；但另一方面，某些缺少经营规范和道德自律的“微商”，其采用的欺骗式营销手段，造成了客户对行业整体信任感的缺失，甚至导致了这样的片面误解：“微商就是坑蒙拐骗。”

当微商被打上如此充满误解的标签后，选择者将何去何从？事实上，不少新手从创业一开始就会遭遇误解，被周围人戴上有色眼镜看待，面对着不利的市场环境。

微商当然不是坑蒙拐骗，与传统行业相比，微商更应该脚踏实地提供产品和服务。这个行业从诞生的那一天开始，就建立在人和人之间的互信关系上：只有当别人相信你之后，才能接受你的营销宣传，并愿意为产品买单。

这也正是为什么同样是购买产品，有的人手中只有数百好友，每月却能有上万元利润，而有的人手中有数千好友，却始终无法形成产品销售热潮——前者将微商看作个人信誉延伸之后的销售行为，而后者则几乎是在被动地碰运气，没有脚踏实地向别人展露自己的可信度。

从客观环境上看，微商虽然属于新鲜事物，但也并非不受约束。早在 2015 年，腾讯官方就依据其《微信公众平台服务协议》，发布了《微信公众平台关于整顿非法分销模式行为的公告》，严格约束带有欺诈性质的发展下线分销行为，一旦发现此类账号，就会进行永久封号处理。在行业发展过程中，微商已经呈现出“四化”，即品牌化、平台化、专业化、系统化的倾向，如图 1-4 所示。微商商城等新载体形式的出现，清楚地说明了行业自我改变的迫切需求。

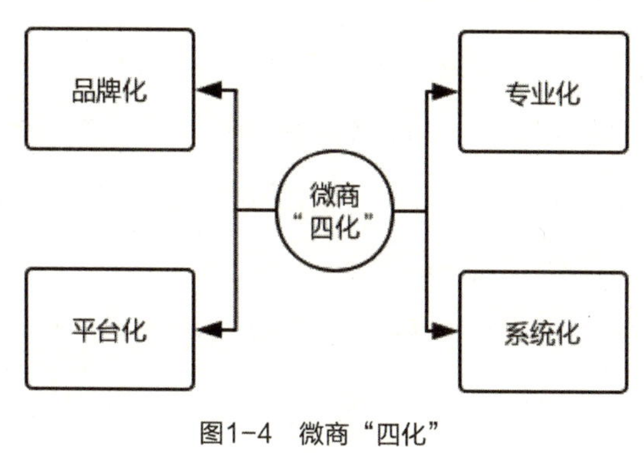

图1-4　微商“四化”

种种变化说明，微商迎来越来越规范的良性环境，虽然旧有的问题不可能一扫而空，但创业者必须对自身提出更高的要求。

首先，微商创业者必须坚持按照国家相关法律法规从事经营活动。越来越多的微商开始注册正规的工商营业执照，办理税务登记，其中不乏规模较大的微商团队注册成为公司。

其次，微商创业者应珍惜个人和品牌的声誉。在趋于规范化的竞争环境中，只有能够真正维护客户利益的微商，才会得到客户的尊重和信任；只有踏踏实实提升产品的价值，才能得到市场的认可。

微商尽管“微”，但毕竟是“商”。只有在商言商，遵从商业道德和国家法律的规范，创业者才会保持应有的上升轨迹，不仅适应今天，更能适应未来。

1.4 做微商，我的自由我做主

为什么许多人相信微商能带来自由?

自由状态，意味着需要采取全新的个人视角去看待世界，意味着打破既有的规则束缚。在任何一种文化中，追寻自由的愿望，都有可能颠覆社会中极端保守的力量，从而推动社会进步。也正因为如此，人类才能从农耕时代、工业时代一路跨越，直到走进今天的数字时代。

也正因为置身数字时代，人们才能享受到创业带来的自由感——微商不需要朝九晚五上班，不需要被束缚在某一个岗位上，更不会因为缺乏足够的收入而面临缺乏享乐休闲的生活……

可以说，微商是数字时代带给中国人的自由梦想之门，是移动互联网对这片热土的回馈。小洁是 Skytex 的董事之一，她的微商经历证明，微商能够让年轻人实现“我的自由我做主”的梦想。

小洁毕业于成都理工大学，后来又考上了在职研究生，研究生毕业后在一家公司做普通文员。她性格开朗幽默，业余时间喜欢旅游，也喜欢交朋友，但却苦于收入不佳，难以实现种种梦想。朝九晚五而缺乏挑战的生活状态，让小洁感到距离心中的自由世界越来越远。

好在，小洁很快通过微商实现了自由梦想。

在休产假时，小钰通过妈妈群认识了她，并给了她各种关于喂养婴儿的建议；很快，小洁成为了乳胶产品的销售成员。

凭借着自己的能力，小洁“挪用”孩子的红包 2600 元，将销售事业越做越大。不久，她就成为了朋友圈中的热点人物，有人开始询问她收不收成员。正当小洁犹豫的时候，小钰及时激励她说：没有什么不可能，在团队里，一切都有可能，只要努力，就能自由！

伴随业绩的逐渐提升，小洁感受到了自由的乐趣：旅游。她本来就喜欢和朋友天南海北地玩，有了孩子之后，再加上原来工作的约束，时间和钱都少了，旅游机会也几乎没有，但现在完全不同了。

小洁说："成为团队长还有个吸引我的地方，就是团队长的巴厘岛之行！因为我是个热爱旅游的人，我喜欢出去，自由自在地多看、多见识，每年必须去一个地方是我给自己的承诺！正好家人都觉得我带孩子也很辛苦，需要出去放松一下。当时真的好舍不得半岁的宝宝，可是我更不后悔和 Skytex 的家人们在巴厘岛的聚会！全国各地的总代理齐聚一堂，听他们的故事，七天日日夜夜在一起欢乐交流，让我更加觉得这个大家庭的魅力所在，更加觉得自己找到了可以自由发挥的平台！我觉得我内心那股力量被激发出来了！"

正是因为微商能够确保自由发挥个人天赋、调整个人时间，让小洁的"节节高升"团队不断发展扩大，现在已经有了 30 多个小伙伴。

的确，借助移动互联网，微商能够从社交关系的奠基和扩展起步，利用积累的影响力和资源，获得丰厚的经济回报、崭新的生活状态，甚至进入新的生活层次。不少成功微商所经历的，一如改革开放初期的"个体户"群体——最初，他们需要脱离原本的状态的；在承受了这样的风险之后，他们获得了丰厚的自由回报。

1.5 微商是条修行路，浮躁不得

微商之路，是事业的道路，也是修行的道路。在这条道路上，能高速发展固然可喜，但浮躁、不切实际则更为可怕。现实中，无数人蜂拥而入这个行业，幻想一夜暴富，能够在家轻松挣钱；幻想一夜成名，成为微商大咖，坐拥强大团队，月入十万余元……然而，如果你的事业梦想如此简单直白，你的创业气质如此浮躁狂妄，又凭什么能够成功呢？

目前，微商的浮躁之处集中表现在以下方面，如图 1-5 所示。

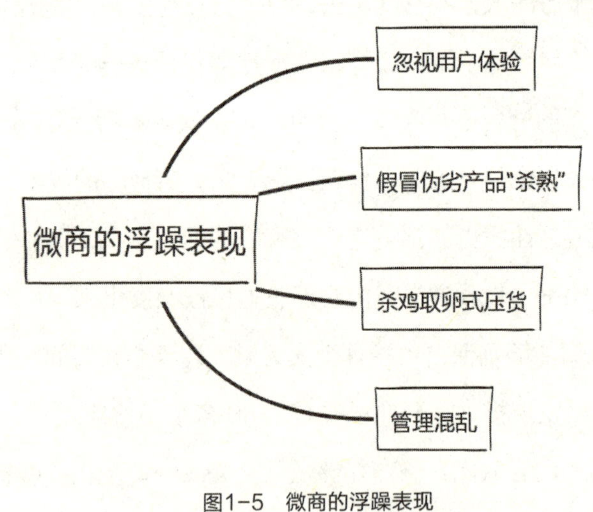

图1-5　微商的浮躁表现

忽视用户体验。浮躁的微商暴力刷屏推广产品，用劣质文案、夸张图片，在朋友圈一遍又一遍污染着客户的眼球。尤其在面对终端的消费用户时，却依然采取这种与销售圈类似的策略，只会让急不可耐的创业者遭遇被屏蔽、被拉黑的后果。

假冒伪劣产品“杀熟”。为数不少的微商团队或个人，利用信息不对称的现状，在微信朋友圈上销售假冒伪劣产品去欺骗自己的熟人。一旦出现问题之后，则选择直接变更账号，一逃了事。

杀鸡取卵式压货。一些微商品牌，利用集体刷屏行动，借助产品在体系内流通的优势，人为制造出一个热门品牌，然后吸引大量缺乏充分思考的新人加入团队，并形成“压货”链条。由于缺乏模式上的更新和进化，这些浮躁的微商品牌经常在半年左右就完成牟利使命，就此消失。

管理混乱。此外，由于眼光短浅，微商团队在运行中还很容易出现管理混乱的现象。由于领导者不愿意真正去构建组织关系，结果许多微商团队沦为了松散的利益链条，动辄面临团队成员流失的窘境……

正是因为目标过于短视、方法过于简单，在上述种种现象发生之时，许多微商品牌看似猛烈爆发，实际上却是在提前透支所拥有的一切资源和能量，只能在短暂疯狂之后销声匿迹。

反之，那些能够沉下心去，努力做好产品和服务的微商，才能在整个市场竞争中历久弥坚，获得持续稳定的利益。

想要戒除浮躁，新入行的微商就要远离“疯狂刷屏”的所谓营销模式，应该多花时间去看书听课、系统学习营销之道，而不是寄希望于“秘籍”和“捷径”。

想要戒除浮躁，已有一定经验的微商领导者就要能够从短期利润的成功中清醒过来，努力将资源集中整合，花费时间，打造出能够长远获利的品牌。

每个人都脚踏实地做好微商，才能维护这个行业原本应该具有的声誉；相反，那些始终用浮躁心态面对变化现实的“微商”，将会被时代前进的脚步无情地抛弃。

第2章 选对产品，微商就成功了一半

2.1 选真品与正品，质量永远最重要

2.2 自己疯狂喜欢的产品才最好

2.3 亲身体验是产品最具说服力的口碑

2.4 精准定位产品，别把自己搞成杂货铺子

2.5 选品牌：好品牌是最佳代言人

2.1 选真品与正品，质量永远最重要

微商成功的征途不乏艰难，其中最容易被忽视的障碍，莫过于产品质量问题。

在一次微商创业者聚会上，有人分享了自己的创业计划。他说得非常精彩，从如何精准定位自己的目标客户，到怎样发展壮大朋友圈、怎样搭建产品的配送体系……都分析得头头是道。

参加聚会的朋友们却提出了问题："以什么样的标准选产品？"

他的回答是："经营微商，只需要做好营销和商业模式，卖什么产品本来就不重要。即便是再普通的产品，只要经过有效包装，加上精准营销，也能成为爆品。"

这种说法显然有失偏颇。微商创业者要想成功，必须非常重视产品质量的重要性。毫不夸张地说，产品质量如何，很可能在创业最初就决定了项目未来的生死存亡。

2.1.1 质量决定信任关系

质量的好坏，关系到信任度的强弱。创业初期，微商创业者之所以能利用朋友、同事、熟人等关系获取第一桶金，其根本原因在于信任度。有信任度，

人们才愿意接受营销信息、转发、下单、转账并等待产品的到来。随着信任度的增加，粉丝群体不断扩大，微商创业者才能有更高的热情……

试想，如果客户一开始就拿到劣质假冒产品，创业者还能获得持续的信任吗？

小翠做微商之后，经常在朋友圈发送产品信息。一次，朋友顾芸看中了一双 800 多元的长靴，她想到自己曾在商场专柜看到过该品牌，于是便询问详情。小翠说，产品是从海外代购回来的，比专柜价还要低上百元；顾芸就毫不犹豫地买下了。

拿到手之后，顾芸才发现，靴子的内胆根本不是羊毛，而是质量相当粗糙的人造毛，外表皮层也和自己在专柜上看到的大相径庭。碍于面子，顾芸并没有和小翠计较，但她还是直接屏蔽了小翠的朋友圈，再也不看她对任何产品的介绍了。

显然，小翠未能把好产品的质量关，失去了别人的信任，从而输在了创业的起跑线上。

2.1.2 质量决定市场竞争力

产品质量的好坏，还影响市场竞争力的高低。2015 年之后，各大传统行业纷纷进入微商渠道，平台化微商也方兴未艾。微商界原本普遍存在的“游击队”现象，正在被越来越多的“正规军”取代。当这些正规企业加入微商并开始推行团队式营销时，那些原先打“擦边球”的个人微商，很容易因为产品质量不佳而被无情淘汰。

同时，产品质量还直接影响微商创业者承担的风险。当下，许多微商都会面临不同程度的囤货要求，如果囤下了伪劣产品，一旦出现突发曝光事件，无疑会导致经济亏损的局面，更有可能面临法律风险。

2015年，央视新闻官方微博发出了一条新闻——《揭示面膜里的三大秘密：“血统”造假、成分造假、暴利惊人》。一篇新闻稿，看得无数消费者心惊胆战，由此引发了许多仿冒品、次品面膜的微商销售遭遇事业“滑铁卢”。由于央视透露这些产品中含有激素、荧光粉等，微商发现原来的客户大量流失，新的客户也不愿意购买。大量伪劣产品积压在手中，很多微商不仅没有赚到第一桶金，反而赔上了时间和成本。

相比经济上的损失，销售假冒伪劣产品还将面对严重的法律风险。

2017 年 1 月，著名国产化妆品品牌“韩束”的厂商打假组发现市场上存在假货，该厂商迅速报案。经警方查明，这批假货来自浙江金华的化妆品微商郭某某。郭某某通过网络渠道，低价批发了假冒“韩束”产品，并利用微信平台销售获利。事实查证清楚后，郭某某及其供货方因涉嫌销售假冒注册商标的商品而被刑事拘留，最终面临刑事处罚。

选择从事微商，无疑是为了改变自我、创造财富。然而，如果对产品质量不加辨识，不仅难以实现理想，反而会陷入失败的困境。这样的结果，自然是微商创业者所不愿看见的。要想看穿假冒伪劣产品的“套路”，必须学会谨慎理性的思考、全面清晰的观察、准确无误的选择。

2.1.3 挑选正品的5个绝招

在挑选产品时，微商创业者首先应该**仔细观察并体验产品**。产品本身的功能、使用感觉要符合正常标准，不能出现任何“疑点”，否则就很可能是假冒伪劣产品，如图 2-1 所示。

小贺的朋友在国外留学，听说小贺打算做微商，她热情地寄过来两罐名牌奶粉作为样品，希望小贺代理销售。打开奶粉罐，小贺发现奶粉的颜色很白，细看还有结晶和光泽。再对比自己从正规渠道购入的品牌奶粉，小贺断定朋友的货有问题。

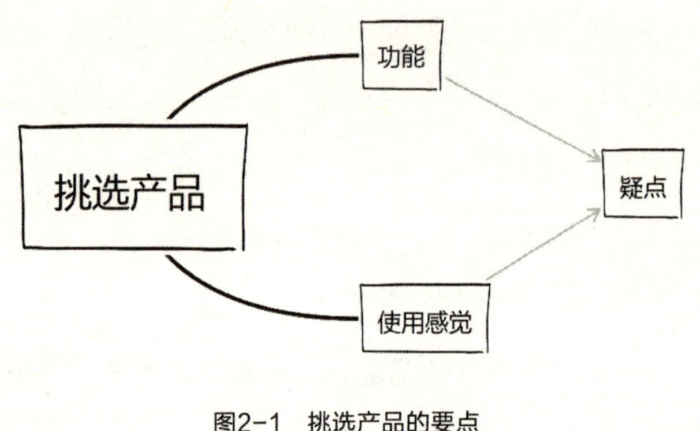

图2-1 挑选产品的要点

除了看产品本身，还要**看包装是否存在“三无”现象**。所谓三无，是指产品没有生产厂家的名称、没有生产厂家的地址、没有生产卫生或质量许可编码。此外，产品价格明显低于市场平均价格，通常也是存在质量问题的重要特征。

做烘焙甜点的菲菲可谓成功的微商创业个人，她每天都能通过微信朋友圈卖出数十份产品。很快，有供应商找上门来，请她试用抹茶粉、可可粉等配料，并声称以市场最低价供应。

由于价格明显不正常，菲菲谨慎地看了产品包装，发现上面空空荡荡，除了花哨的图案设计、营养成分表、产品名称之外，最重要的生产来源信息却完全空缺。于是菲菲果断拒绝了这份看似低价的配料供应单。

对于特殊产品，微商创业者还应该**请供应商提供权威认证资料**。例如，食品类产品，应该提供厂家的食品生产经营许可证、食品产品质量鉴定证书；对于海外进口产品，还需要进口商提供销售授权证书、海关清关资料等；对于希望在宣传中加入产品荣誉内容的，同样应该查证来源，例如权威协会认证、媒体报道或者官方提供的荣誉证书等，如图 2-2 所示。

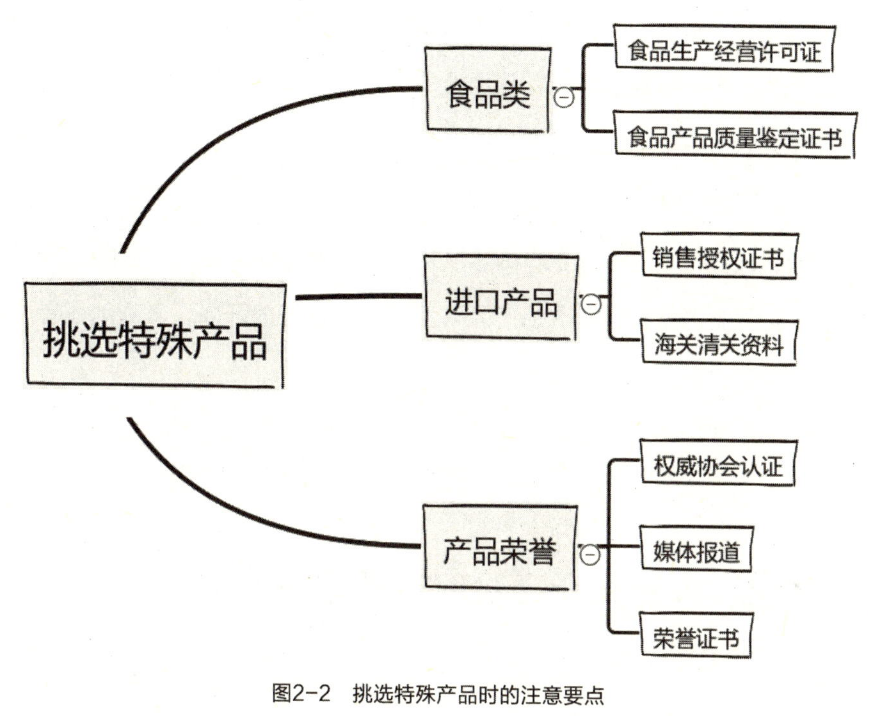

图2-2　挑选特殊产品时的注意要点

当然，要确保产品质量合格，不能单纯从产品本身入手，还需要**对供货渠道进行观察和了解**。

无论是渠道商还是生产商，只要是正规企业，都有完整的工商注册信息。微商创业者应第一时间了解供货方完整的公司名称，再通过“国家企业信用信息公示系统”网站，查阅该企业的信用状况、经营状况。对于已进入黑名单、正在接受调查或者被注销的企业，微商创业者应格外慎重，防止入手假货，成为厂家的“替罪羊”。

另外，如果情况允许，微商创业者最好能**到实地走访企业，考察其生产规模，了解其经营状况**，还可以直接向负责人询问其质量监管控制体系的运行情况，从根源上避免产品出现问题。

曾经有过这样的事情：供货方在洽谈时宣传得天花乱坠，声称企业规模大、资金来源充分、生产流水线成熟，但其最终留下的地址却位于某某小区的居民单元楼。结果，老练的微商创业者很快就识破了真相，认为该企业存在渠道不正规、产品来路不明确的可能，从而避免了损失。

在信息多元化、利益复杂化的市场格局中，只有拥有敏锐的慧眼，微商创业才能避免掉进假冒伪劣产品的“坑”。

选择合格产品，能保证客户满意度，让营销规模不断提升，利润不断增加。因此，微商创业之路，当从选择产品入手。有了良好的开局，微商创业者必将看到充满希望的事业坦途！

2.2 自己疯狂喜欢的产品才最好

在微商商业模式中，营销者并非企业或店铺，而是活生生的人。既然是人，就有着具体的消费需求、个人喜好。微商创业者有必要结合自身特点，扮演“疯狂粉丝”的角色，以全然崭新的观点去看待产品、吸引客户。

成为“疯狂粉丝”式的卖家，意味着要重点营销自己最喜欢的产品。

最喜欢的产品，才能做到最了解。相比十余年前，当下社会商品经济飞速发展，无论衣食住行还是精神产品，都已极大丰富。微商创业者与其从纷繁的市场中挑选自己不了解的产品，不如选择自己喜欢的产品，这样可以节省不少前期的时间和精力。

微商懂得产品，才能具有销售的高起点，而前提条件必须是对产品发自内心的热爱。

2.2.1 产品应该是你生活形象的一部分

古月，出生在西北，有着大西北所赋予的执着性格。她兴趣广泛、爱好丰富，相信丰富的经历能够让人生更加积极、美好。

因此，古月上学时不仅成绩优秀，还积极投身于志愿者事业，担任了北京奥运会和残奥会的志愿者，管理整个击剑馆的200多名志愿者，并获得了2008年奥运会及残奥会“优秀志愿者标兵”的荣誉。

实习时，她先是担任大学辅导员，又先后在互联网企业和外企工作……

如此丰富的经历，进一步开阔了古月的视野。因为旅游的机会，她在泰国发现了一种很棒的特产——乳胶枕。因为喜欢探究未知，古月深入了解到乳胶这种材料是大自然馈赠给人类的礼物，不仅材质天然环保，还能有效防止螨虫，更能修复颈椎。由于对产品非常喜爱，她进一步选择了自己最爱的品牌，作为自己的业余事业。

只是自己喜爱还不行，古月专门带了10个枕头回家，然后每天逐一认真体验。她相信：作为一个好的销售，不仅要自己喜爱产品，还要观察身边的人如何评价。古月专门拿了枕头给老妈使用，结果老妈利用运动手环，测出自己的深度睡眠时间增加了2小时50分钟。这样，她就更加热爱这款产品了。

由于对产品有着深厚情感，古月第一个月就赚到了1万元；到第二个月，她成功升级为全国团队长。“婷不下来战队”日益壮大，已经拥有了全国9个城市的21个小伙伴。而这一切，都源于她对产品发自内心的疯狂热爱。

最喜欢的产品，应该和微商的个人特点紧密联系，尤其应该将个人形象与产品结合起来。例如，生活中的你年轻、爱美、时尚，喜欢研究化妆和护肤，那么销售自己最喜欢的化妆品、护肤品，才会让人信服。如果是育儿有成的母亲，对儿童用品有极高的识别能力和浓厚兴趣，那么销售儿童最喜欢的零食、玩具，也能吸引到相关需求者……

从某种意义上来说，这些你最爱的产品，已经是你生活形象的一部分。营销它们，等于是在营销自己的生活方式和内容。如果选择其他产品，则无法拥有如此得天独厚的优势。

2.2.2　如何判断产品的“上瘾”特性

用自己是否喜欢来检验产品，还能判断产品的“上瘾”特性。从面膜到进口零食、珠宝饰品等，无数微商创业实践证明，“上瘾”指数高的产品，能让销售行为不再是“一锤子买卖”，而是能让客户不断地重复购买，让每个客户的价值最大化，从而带来更大的利润。

相反，虽然不少产品的功能和价值都不错，但无法让创业者疯狂喜欢，更难以让客户“上瘾”。

设想一下，你在家里使用一款洗衣机，感觉功能不错、外形漂亮、性价比很高，但无论如何，你只会欣赏这台洗衣机，而不会疯狂喜欢。原因很简单：你不会每天使用，更不会每个月买入一台新产品。考虑到这一点，你当然不会将洗衣机放到微信朋友圈中去销售。因为你知道，客户和你一样，不会对洗衣机“上瘾”。

相反，同样是日用品，你日常使用一款洗衣液，感到其清洗效果出众，超过了市场上的许多产品；无论手洗还是机洗，你都定期需要这款产品，并能产生依赖感。这样的产品，完全可以考虑进行微商营销，因为从实际产品体验中，你通过自己的喜爱，进而发现了其让客户“上瘾”的价值。

2.2.3　产品应该能点燃营销的热情

此外，自己真正喜爱的产品，还能点燃营销的热情。众所周知，微商营销需要创业者撰写文案、摄制照片、编辑资料、发布信息等，这需要投入大量的时间、精力和资源。这些前期工作投入之后，不一定会在短期内获得回报。如果对产品缺乏热情，微商会很快厌倦。只有宣传那些真正打动自己的产品，微商才会坚持下去，甚至将其看成个人兴趣而乐在其中，如图 2-3 所示。

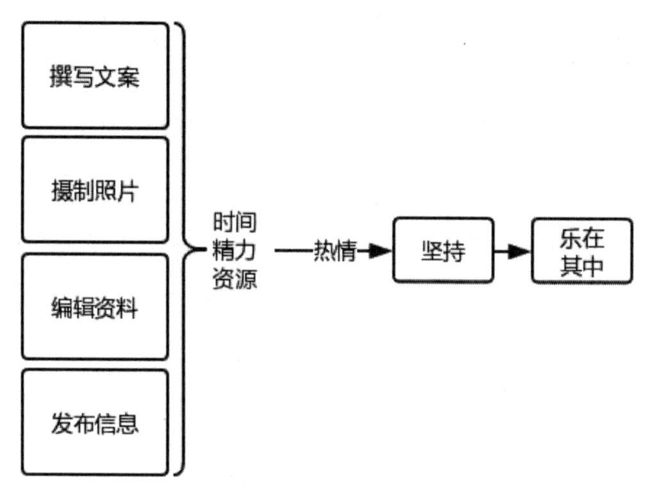

图2-3　热情能推动营销

有位在加拿大居住了十余年的女博士，通过创办公司而实现了财务自由。回归家庭之后，她和孩子在一起的时间很多，其间，她亲身感受到加拿大儿童食品“营养、健康、环保”的特点，既能带给孩子健康和快乐，也让家长们感到放心和安全。于是，她开始纯粹以乐趣为出发点进行推销，直接通过微信号向朋友销售无任何人工添加剂、无人工色素、无人工保鲜剂的营养零食。

由于是真心喜爱产品，希望和朋友共享，因此女博士并不觉得营销是负担，在每天哄孩子睡着之后，她依然坚持工作。在没有做其他任何推广的情况下，通过朋友圈口碑传播，她的销售业绩越做越好，从粉丝到成交的转化率高达 50%。

如果不是真的喜欢，女博士很可能缺乏坚持下去的动力，也不会以充沛的热情投入其中。

2.2.4 如何跳出“只赚钱”的思维陷阱

在微商创业之前，不妨先跳出“只赚钱”的思路，从“使用者”的角度看待备选产品。微商可以从自己学习、生活、工作、婚恋、育儿、赡养、健康等经历中，挖掘出印象最深、最有价值的产品，找准它们的独特功能，回味其与众不同的特点。

在这样的思考过程中，越是最先在脑海中浮现出的产品，往往就越是你最适合经营的项目。

随后，应该再对这些让你惊艳的产品加以详细了解，重点要从价格、质量、进货渠道、目标客户和现有市场等多方面充分调研，分别评出等级。在评级时，不要片面夸大某一方面优势，而是综合取舍，最好和亲人好友适当商量，听取他们的意见和看法，防止自己冲动做决定。

最后，根据对应等级，进行分类整理、比较，从中选择出最具优势的产品，并开始着手营销。

当然，不能简单因为自己喜欢，就决定选择产品。某些产品专业性很强，即便是自己的最爱，也要考虑手中是否掌握相应的营销资源。

值得注意的是，微商创业者可能在某个领域中有所研究，其喜欢的产品在性质分类上相近，如何对此进行淘汰、区分和选择，做到优中选优，需要仔细思考与分析。

老赵对文玩研究了十余年，对蜜蜡、核桃、琥珀、鸡血石、田黄石等如数家珍，虽然这些产品都是他的心头所好，但当他决定创业微商时，最终选择的还是蜜蜡饰品。

原因在于蜜蜡饰品种类多、样式全，市场价格相对透明，消费群体也比较广。果然，每当他将饰品图片发到朋友圈后，都能迎来不少评论，并顺利转化为购买力，其他产品则相对小众，了解者寥寥。

一般而言，创业者应从最爱产品中，选择那些消费频次高、价值便于感知、作用能服务大众、形象易于网络传播的产品。那些较为小众、价值不明确、市场出现较少的产品，除非有了独特的客户资源，否则不宜作为微商的启动项目。

2.3 亲身体验是产品最具说服力的口碑

微商之所以要谨慎选择产品，无疑是希望能够尽快建立具有充分说服力的口碑。但口碑往往并非只来源于外界评论，营销者亲身体验而得出的结果，才是最好的口碑基础。

2017 年 1 月，格力电器集团下发了《关于使用格力手机通知》的邮件，内容为：根据干部会议精神，春节后全体员工需使用格力手机，请抓紧落实。对此，董明珠说：“你是格力员工，格力产品你不用谁用？你自己都不喜欢，为什么要让别人来喜欢你的产品？”并表示，这才是她向每个员工赠送一台手机的原因。她同时说：“格力手机，第一代、第二代，我一直用，我觉得用得多，才能让我更多去体验、更多去营销。”

董明珠和格力电器并非微商，但偌大的实体企业都在强调自身的体验力，微商岂不更应如此？然而，眼下的微商营销中，却经常出现两种截然相反的选择态度。

负责任的微商，会在营销开始之前，先购买几样产品分别体验，感觉效果不错后，才会继续了解细节。随后，再小范围赠送或试卖。一段时间后，能够保证产品质量，才会正式销售产品。如图 2-4 所示。

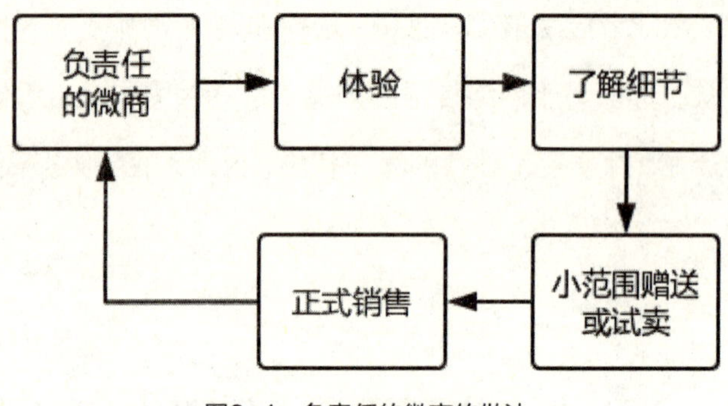

图2-4　负责任的微商的做法

相反，某些微商只要听说产品有销路，在计算成本之后认为合适，往往会马上投入其中。如此迅速做出决定，无非是为了更快地获得利润，宁愿缩短或直接去除自身体验的阶段。

两种态度孰优孰劣，会很直观地体现在微商营销最终的业绩上。前者由于花费了自身体验的时间，对产品属性有充分认识，能够在营销中对症下药，结果能够博得客户欢心。后者看似提高了效率，但对产品缺乏了解，会导致营销潜能不足，后继乏力。

2.3.1　如何对产品知根知底

作为微商，不论经营规模大小，都应该对客户负责，做到对产品知根知底。试想一下，一款产品，连营销者自己都没有使用过，就开始向社交圈中的好友推荐，显然都是不负责任的。

如果微商创业者不清楚产品的质量好坏、性价比或者功能细节，在心态上就很难有自信将产品推销出去。实际操作中，当客户询问起产品有关的细节，微商也同样会不知所云，因为并没有真正了解过产品。

具体而言，无产品体验，在推广过程中会遇到很多问题：首先，你无法从整体感知实际产品，因为你看到的只是图片和文字介绍，所得的只是抽象概念；其次，你不知道产品真伪，因为产品往往都是代发的，并没有经过你的亲手检查，甚至有可能厂家或商家发出的是尾货、次品，而营销者依然并不知情。

相反，选择产品之前去亲身体验，能够让微商创业者感受到产品的真实使用效果，并具备挑选产品的眼光和经验。这样，任何一个批次产品的质量好坏，不需要任何人的讲解，自然就能明确了解。有无产品体验的区别如图 2-5 所示。

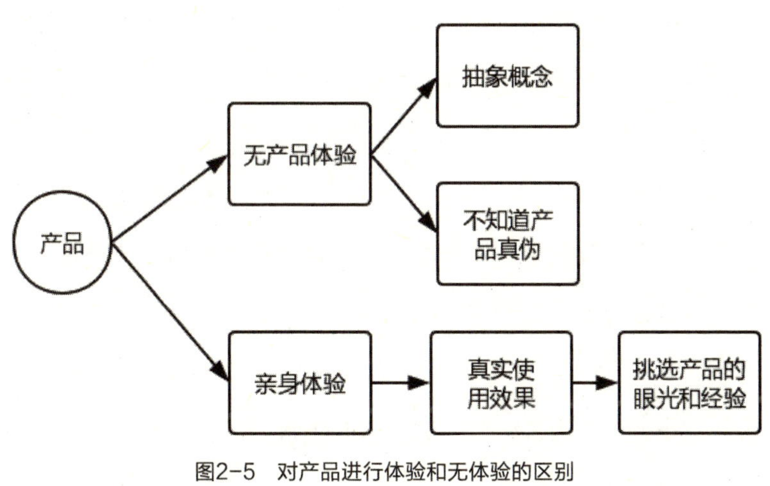

图2-5　对产品进行体验和无体验的区别

晓燕是一位八〇后微商。创业之初，她选择的是厨房小家电，包括电暖瓶、切菜机、绞肉机、榨汁机等。这些小商品价格不高，但很实用，也适合在朋友圈推广。晓燕秉承亲身体验原则，无论销售哪家企业的产品，无论对方的品牌大小、规模实力，她都会一一先拿到产品在自家试用一定周期，确保不会发生任何质量问题。

此外，在试用过程中，她还会邀请家人和朋友来体验产品，对使用结果进行感受与评价，并和超市里购买的同类产品进行比较。有时，为了确保得到最真实的结果，她还会进行“实验”，再进行精确记录，例如电暖瓶究竟能保温多长时间、绞肉机能节省多少时间等。

虽然也有同行劝她不必如此麻烦，但她坚持说道：“如果只是将厂家的产品说明介绍原封不动地搬到微信、微博上，那客户为什么要相信我呢？”正是如此态度，让晓燕始终能保证产品质量，用口碑换来了信任。

2.3.2 体验产品的重点

当然，由于产品类型的不同，亲身体验产品时的侧重点也应各有不同。通常，对于实际价值差异并不明显的产品，微商创业者应重点去体验其第一印象记住的内容。

小君在微信朋友圈上主要销售护肤品。为了挑选出最好的卸妆水，她先后联系过多个厂家，分别拿到不同的样品。对于那些外包装第一眼无法引起她兴趣的产品，她会马上加以否定。

小君的挑选标准有些苛刻，她对此所做的解释是：“卸妆水是女性最常用的产品。另外，对于大多数用户而言，卸妆水产品之间的价值差异并不大，她们往往更注意产品留下的第一印象。”因此，小君尤为关注产品包装能否迅速吸引自己。

与此不同，对于消耗性强、复购频率高的产品，小君则会将重点放在功能稳定性上。小君曾经看中一款系列面膜，在代理销售之前，她专门购买了生产企业不同时期、不同种类的多件产品，并分别加以试用。

在确定了该系列面膜的每一种类质量都不错之后，小君才正式成为该产品的代理销售。之所以这样做，是因为消费者往往喜欢持续使用某个品牌的面膜，而这也是微商的重要利润点。如果不能确保产品质量的稳定性，有可能造成老客户的流失，并导致营销得不偿失。

值得注意的是，养成对不同批次货物分别抽取进行体验的习惯，还能帮助微商营销者很好地管理产品质量。由于你需要仔细体验产品，别人也无法进行代发货，而是必须将产品交给你，再从你的手中发货出去。这样，无形中也避免了客户流失的可能。

2.3.3 产品体验的特殊策略

除了借鉴上述做法之外，微商营销者还应该对产品体验进行**日常记录**，随时**把握其细节特点**，并在一段时间后**汇总成为文章、图片专辑**。通过对这些信息的整理，营销者能有充分的**对比**过程，将原本感性的产品体验，**凝聚成理性、抽象的使用经验**，帮助粉丝了解不同产品之间的特点，如图 2-6 所示。如果忽视了这个步骤的工作，营销者的自身体验很可能随着时间流逝、环境变化而变得标准不一，导致可信度的下降。

在特殊情况下，对产品的体验还可以借助于某些特殊手段。柳先生在线下经营餐厅，业余也利用手头的客源做零食微商。为了确定代理销售饮料的产品种类，他带着几位"吃货"朋友，共同进行了盲测体验。

在盲测现场，柳先生要求餐厅员工事先准备好三个品牌的苹果汁，不许透露任何产品来源、价格信息和品牌特征，所有参与者只能从一模一样的玻璃杯中品尝口味，并做出最终评分。盲测分别针对不同年龄，进行了三组，柳先生按照平均分的高低，选择出了最受欢迎的产品代理销售。

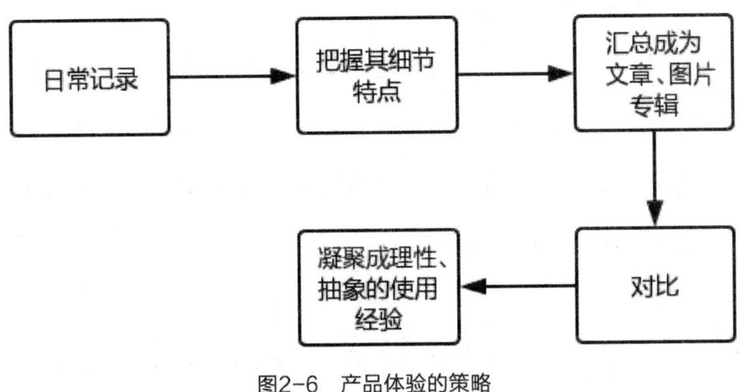

图2-6　产品体验的策略

当然，有些产品单价较高，并不适合每次都亲自体验。例如一些高档化妆品每瓶都需要上千元，限于成本，不太可能每次都试用；一些服装、鞋帽等产品，如果自己试穿，有可能无法销售出去；某些微商卖的是虚拟产品，也难以试用。

对于这些情况，微商营销者有必要根据自身情况进行具体分析，找对体验方法，从令人眼花缭乱的选择中做出正确的决断。

2.4 精准定位产品，别把自己搞成杂货铺子

微商营销，基于人与人的关系，而不是直接建立在品牌、市场或平台的推广上。因此，微商定位，首先要做的并非营销定位、市场定位，而是自我的定位。如何从茫茫商海中精准挑选出最合适的产品，是微商准确自我定位的起步工作。

精准定位产品，对微商的生存有着重要意义。只有挑选了正确产品，微商才能拥有独特竞争力。如果最初的产品就没有选对，即便在营销过程投入充分资源，最终能得到的机会也越来越少。

云儿是2016年开始做微商的，她看朋友圈中经常出现各式女装的介绍，还有很多评论和点赞，觉得这是不错的产品源，于是没有经过仔细思考和分析，云儿就草率地和几家商贸公司签署了销售协议，在朋友圈中销售女装产品。然而，由于产品定位不够精准，每款产品的销量都很一般，难以令人记住她的品牌特色。

其实，云儿的问题是很多微商新手都会遇到的。微商起步期的“红利”，

到眼下已经被瓜分殆尽。创业者所能想到的产品方向，在目前微商界中都已有覆盖，很多传统行业也出现了不少销售“大神”。如果再盲目选择大类产品作为微商项目，只能面临被忽视的困境。鉴于此，关注细分产品是不错的定位方法。

2.4.1 善于细分产品与用户

所谓细分产品，是指对行业、市场和顾客人群加以细分之后的某类产品。由于中国人口基数巨大，即使是再小的产品分类，其覆盖的客户群体数量，都可能达到某一家微商根本无法垄断的程度。因此，在挑选产品时，不要用笼统的“女装”“零食”“面膜”“保健品”等来定义，而是可以关注独特人群的特殊需求。例如，女装早已不是什么细分市场和产品，将产品定位于“女装”，几乎等于没有定位。图 2-7 所示为淘宝对女装进行的分类，值得借鉴。

云儿完全可以先观察朋友圈中垂直人群的特殊需要，如韩流女装、欧美女装、日系女装，或者大码女装、运动女装、老年妇女装、女童装等，还可以将两者结合进一步细分，如欧美风格的女童装、老年大码女装、日系运动女装等。这样，她的产品才会从众多类似竞争者中脱颖而出。

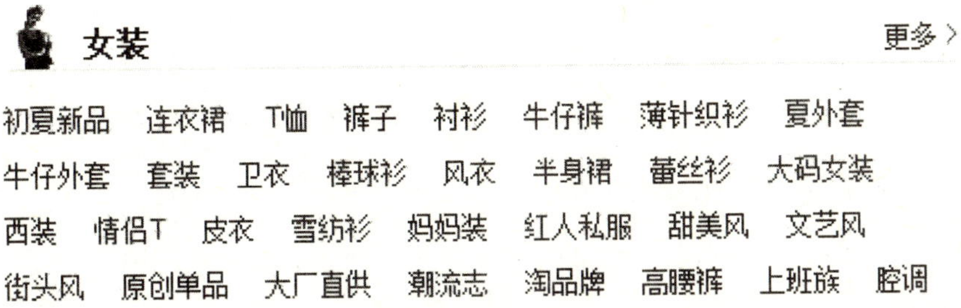

女装　　更多 >

初夏新品　连衣裙　T恤　裤子　衬衫　牛仔裤　薄针织衫　夏外套
牛仔外套　套装　卫衣　棒球衫　风衣　半身裙　蕾丝衫　大码女装
西装　情侣T　皮衣　雪纺衫　妈妈装　红人私服　甜美风　文艺风
街头风　原创单品　大厂直供　潮流志　淘品牌　高腰裤　上班族　腔调

图2-7　淘宝的女装分类

更深入观察可知，目前不少微商创业者还会犯下“杂货铺子”的毛病。他们往往习惯跟风，看市场上什么红火，就做什么产品，反而失去了应有的角色定位。

小谷原本做的是体育服装和健身器材的微商，他拥有体育专业背景，粉丝中很多人都业余从事骑行、球类等锻炼项目，平时线下的聚会活动也比较丰富。但成功运营了大半年之后，小谷开始不满足现有产品，他没有经过任何调查研究，就将产品范围扩大到减肥食品上。过了两个月，因为优惠政策的诱惑，小谷又引入了海淘的婴幼儿健康产品进行销售。虽然产品范围扩大了，但不少老客户反而失去了关注他的兴趣。

如果小谷仔细思考就会发现，手中的客户资源，年龄基本集中在35~55岁，大多属于事业有成、工作轻松并有着运动健身爱好的男性。这些客户对体育服装、健身器材等产品有明确喜好，但对减肥产品、婴幼儿健康产品显然不会关注。

像小谷这样，盲目引入产品，却忽视了客户特质，就会将微商变成杂货铺子，导致吸引力和竞争力下降。

2.4.2 如何精确定位产品

避免将产品种类做得过多、过杂，并非要求微商营销者故步自封，而是要求他们在增加产品种类之前，先确定手中有没有明确需求的客户。如果新产品和原有产品联系紧密，那么老客户兴趣会在合适的引导下，顺利迁移到新产品上，否则就不应该引入新产品。

除此之外，在精确定位产品时，营销者还不应该忘记下面的原则，如图2-8所示。

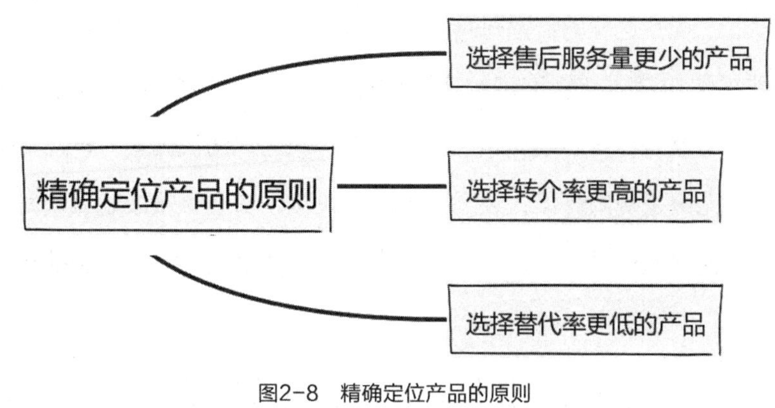

图2-8　精确定位产品的原则

选择售后服务量更少的产品。不同的产品，产生的售后服务量是不同的。一般而言，售后服务量较多的产品，很可能因为更多的偶然性因素，带来购买者体验上的不满，并影响其在移动社交网络上进行信息传播的积极性。

例如，某微商曾选择代理销售新型智能炒菜锅产品。由于是初代产品，加上炒菜效果好坏随客户的体验因人而异，导致售后服务量居高不下，退货、退款、更换、咨询等工作占用了微商大量时间。此后，该微商转而销售一款微型烤箱，该产品工艺成熟、市场评价稳定，尽管营销目标客户群体相同，但售后服务量大大减少，竞争力得到了有效提升。

在条件接近、资源许可的情况下，微商营销者应该精准定位那些售后服务更少的产品。这些产品通常消耗快、质量便于评价、价格不高，选择它们，无疑会减少客户的争议度。

选择转介率更高的产品。转介率是指老用户在购买产品后，有多大概率去利用移动互联网进行转发，为微商带来新用户。

选择替代率更低的产品。为了精准定位产品，微商营销者应先了解产品是否能在实体销售渠道中购买到，如果能轻易购买到，则替代率较高，反之则较低。

替代率越低，产品就越容易引起客户人群的关注。例如某些农村地方的土特产、绿色产品、有机蔬菜水果等，在城市客户接触的生活范围中出现较少、替代率很低。选择这样的产品进行定位，能带来不错的利润空间。

需要提醒的是，在精准定位产品过程中，还应结合物流因素进行考察。如果微商营销范围在三四线城市、县级或农村地区，物流因素对产品的选择影响会更大。无论是费用高低，还是服务过程快慢，都会直接决定微商利润的高低。因此，在挑选产品时，必须要考虑物流过程是否能更安全、便捷和高效。

2.4.3 如何以物流来定位产品

怎样针对物流因素来定位产品呢?

第一，**产品重量应均匀**。微商的产品总体重量必须加以控制，并在此原则上做到平均，尽量避免那些单件较重的产品，利于降低物流成本。例如，经营范围中有不少是重量较轻的化妆品、日用品，同时又有较重的微波炉、电烤箱等，就不适合客户进行集中购买。

另外，如果是面向女性客户群体的产品，重量比较统一，也方便她们提货、搬运和携带。

第二，**产品大小应尽量统一**。虽然客户不会完全根据体积来衡量价值，但对于没有较多科技附加值的产品，单件大小会决定客户体验。在选择普通产品时，可以重点挑选那些体积看起来较大的，这样会让客户感到收获更大。

即便做不到这一点，也要让产品大小尽量统一，例如某微商在销售橙子时，总会先通过挑选，让客户拿到手的整箱橙子大小基本近似。这样的定位，能够打造出产品品质感，提升附加价值。

第三，**产品质地应避软就硬**。一家零食微商在挑选产品时，面临着两种包装的水果罐头：一种是铁罐包装，另一种是玻璃罐包装。考虑到便于物流运输，该微商选择了前者。

如果挑选的产品质地柔软或易碎，包装上需要花费较大才能确保安全，且不利于长途运送。对于个人微商而言，也缺少足够的精力来解决这类问题。挑选那些硬度较高、不易破碎和损坏的产品，是较好的选择。

总之，在精准定位产品时，应全面考虑实用性和风险性两大要素，确保产品既具有竞争性，又具有传播力。这样，微商的产品营销之路才会越走越顺利。

2.5 选品牌：好品牌是最佳代言人

微商创业不可能一蹴而就，营销者不应过于急躁地尝试创造自我品牌。只有先拥有强大号召力，才能有强大的销售渠道，并利于之后新产品的销售，完成自我品牌在创始阶段的积累。

这意味着，在没有客户、产品、渠道、资金的充分优势下，个人微商可以通过销售已有品牌起步。例如，可以做品牌产品的代理销售，壮大实力后，招收成员，迅速形成完整的销售渠道体系，再为下一步的创业奠定基础。

因此，即便是做代理销售，也必须要注重产品品牌的挑选。有了好品牌，微商创业者才有最好的形象。

2.5.1 看上级的实力

在选择产品品牌时，要注重上级的实力，包括产品质量是否安全过硬、有多长时间的文化积累，是否有成功的营销案例等。

小肖在成为微商之后，陆续了解了不少品牌供货商的合作要求。对方在介绍自身品牌时，所用的宣传资料都很丰富，其中不乏获得的荣誉、业绩的增长等。但小肖并没有将注意力停留在浅显的介绍上，而是重点观察市场对这些品牌产品的评价。

首先，他会分别从电商、搜索平台、论坛等渠道中进行调研，考证产品质量是否确实达到厂家介绍的水平，包括好评度、差评度、转介率等。小肖相信，好的品牌必须能提供好的产品，确认了产品质量，才能相信对方的品牌。

选择品牌和考证品质，两方面工作是紧密结合的。微商要重点观察品牌供货商是否能够提供清晰的产品资质与检验报告、产品质量培训课程等基本信息。

其次，要了解品牌商是否组织了行业内高水平的研发团队，是否具有自身独立管理的生产工厂，其生产过程是否能做到充分把控并能对外透明。

最后，还要观察品牌商在产品原料的选择上，是否能够着眼于安全优质，产品生产的各个环节是否能够严格检测等，如图 2-9 所示。

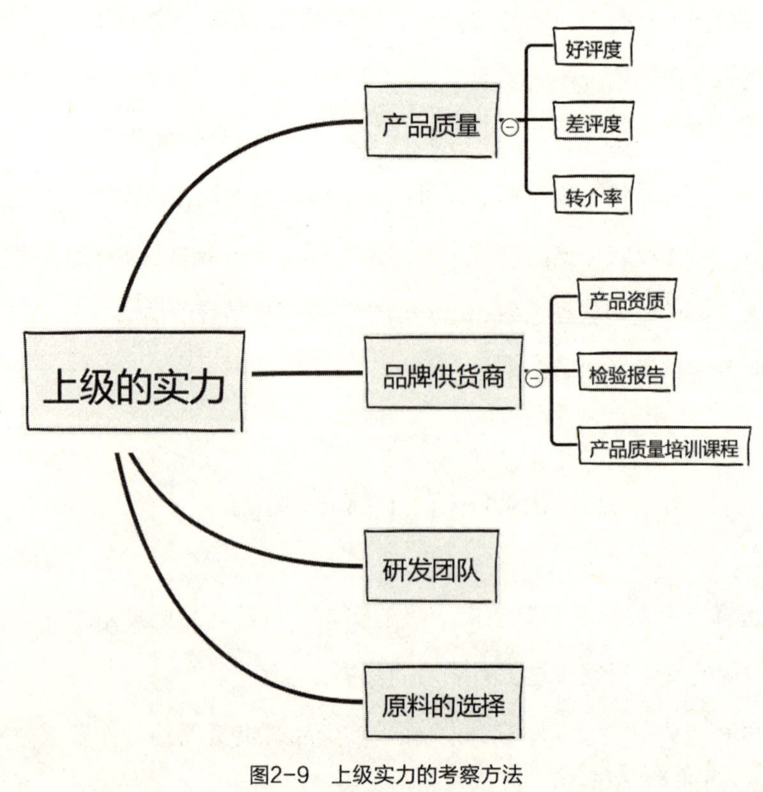

图2-9　上级实力的考察方法

2.5.2 看品牌的知名度和美誉度

除了产品品质之外，对品牌的知名度和美誉度也应重点调研。所谓品牌知名度，是指某一产品的品牌名称在市场上的熟识程度，而美誉度则是指市场上消费者对某一产品品牌的称赞度。如果品牌的知名度和美誉度较高，就能够让关系并不熟悉的好友，也会对微商营销者在短期产生好感。

相反，某些产品曾经短时期在微商圈销售业绩不错，但由于它们追求短期暴利，结果无论是生产者，还是销售者，都只是昙花一现。生产者作为企业，或许还能重新注册商标，打造新的品牌，但代理销售者作为个人微商创业，则会背上沉重的负资产，难以重新起步。

那么，如何衡量品牌知名度和美誉度的高低？主要集中在两个方面。一方面，是网络调查市场上的消费者怎样认知产品、对产品是否信任，这需要在网络上、生活中进行调查，尽量获取更多的第一手评价意见；另一方面，则要看微商团队中是否有众多的成功案例，是否有充分的历史文化积淀。如图 2-10 所示。

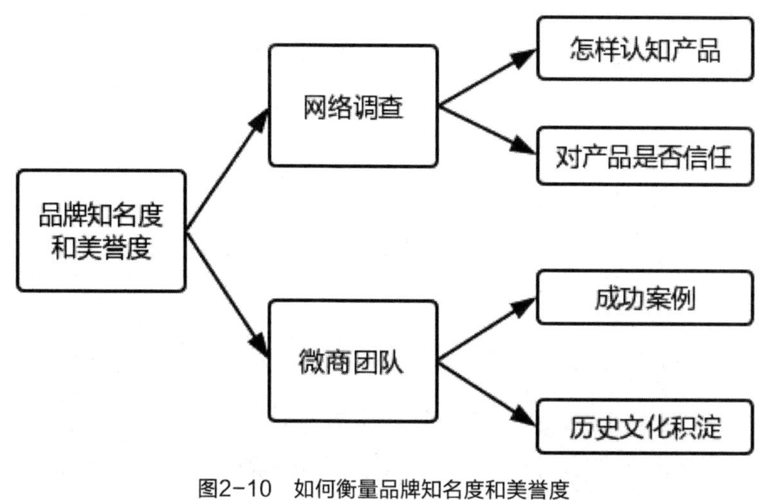

图2-10　如何衡量品牌知名度和美誉度

任何好的品牌都不可能在短期内塑造成功，而是要经历长时间市场上的考验和验证。新的品牌没有经过一定时间的检验，产品没有经过充分数量客户的使用，没有得到他们的信任，也就难以判定是否优质。微商营销者在挑选产品时，要慎重挑选那些新的品牌。

小方的微商产品主要面向中老年人，经营他们需要的保健食品。他每次担任新的产品销售，都会在网络上查证品牌的发展轨迹和文化积淀。例如，看品牌是否有专门的官方网站，是否有自己的企业内刊、客户论坛、经销商 QQ 群等，尤其看重品牌商是否能提供记录团队发展历程的影音资料等。

小方相信，如果品牌总是选择“地下”发展，看不到其任何变化经过，也查不到多少成功案例，品牌就无法为团队带来价值，更不能为集体微商事业带来推动力。

看品牌的历史文化积淀如何，还要看企业在广告、授权等方面的表现。例如，企业广告宣传的着力点是在口碑营销上，还是在单纯销量拉动上。一个真正打算用心经营品牌的企业，不会轻易将资金砸在短期的高额广告费用上，为获取一时利润而拉高产品成本。相反，企业会更注重产品口碑、用户体验，花心思将品牌的口碑做得更为长远，而并非只用销量数字去吸引成员。因此，在挑选品牌时，如果供货商只能拿出销量和利润来展示，很可能其品牌的内涵不够深厚。

2.5.3 看品牌授权文件

微商创业时，更应该重视选择拥有正规品牌授权的微商团队，而不应轻易选择那些单纯加盟销售的产品。某些品牌甚至只需要交几百元加盟费就能够加入团队，看上去有大量的货源，或者支持“一件代发”等。但实际上这些品牌的运营团队不够系统和规范。

在授权方面，微商团队为了确保自己拿到的是品牌正品，应重视品牌商是否能提供明确授权。拥有来自品牌商的授权，才能向广大客户证明产品来源正规，并吸引自己的销售成员。同时，拿到授权，还能得到品牌供货企业对代理销售商权益的长久保护。相反，缺乏足够实力的品牌供货商，则不会轻易这么做。

选择产品品牌时，应该选择那些有产品质量保障、长期历史文化底蕴，并展现出成熟运营实力的企业。与这样的品牌商合作，微商营销者不仅可以获得良好的品牌形象，还能得到企业对产品售后和管理的参与指导或直接负责，保证为客户提供良好的消费与服务体验。从长远上看，有这样的品牌价值作为基础，将能支撑起一个优秀微商团队的形象。

第3章 选好团队，和什么人在一起就有什么结果

3.1 团队领导是向导，事半功倍少不了
3.2 你的直接领导决定你发展的高度
3.3 完善的培训制度与教育系统是保障
3.4 团队正能量是你坚持下去的良药
3.5 不盲目囤货，不独担风险的团队才是好团队
3.6 利润分配制度决定团队能走多远

3.1 团队领导是向导，事半功倍少不了

任何微商想要长远发展，都不可能单打独斗，必须形成团队，这就离不开强有力的领导者。如何成为好的领导者，指引整个团队迅速前行？这是每个微商创业者都需要深入思考的问题。

Lisa是某微商团队的领导者，从起初个人奋斗，到今天带领着数百人的“微商娘子军”，其中付出的艰辛自不必多言。在和微商团队成员们共同奋斗的过程中，她几乎是一心扑在团队上。从组建团队开始，Lisa就期待团队中每个姐妹能依靠双手，改变命运，实现财务自由。

为此，她除了布置日常业务之外，每天都会关注代理群中任何一句发言、任何一个异常现象，随时随地会和微商团队成员进行沟通。当成员们遇到靠自己无法解决的困难时，Lisa会第一时间帮助她们进行深入思考，提出解决方案，帮助她们做好服务工作，以便让客户满意。

除了这些日常工作外，Lisa还经常针对团队成员做一些分享活动，以提升她们的个人能力，改变销售政策。有时候，真诚的交流还让成员们感动得流泪，大家从中感受到的不只是Lisa的领导才能，更有她殷切的期望和善意。

Lisa能够在短短的时间内成为微商团队的领导者，除了她积极进取的个人努力精神外，还有着她对团队领导角色的准确理解——向导。

毫无疑问，微商团队领导者直接从手下成员的工作中获得收益，但成员和领导的关系，又不同于传统企业员工的上下级关系。成员无法接触到整个企业和所有产品，对团队结构的理解认识也因人而异。

因此，在他们眼中，一个微商品牌形象的好坏，几乎完全取决于领导者的个人影响。只有构建良好的素质模型，领导者才能成为优秀向导，带领每个成员前进。

那么，领导者应该在素质模型中最为注重哪些能力因素？

3.1.1 管理者应该具备的3大能力

首先是**管理经验**。任何微商团队想要发展好，必须构建良好的管理模式，这就需要领导者有较强的管理经验。微商团队领导者应该将传统行业的管理经验适当转移，将团队看作企业部门进行领导，这样便于整合人力资源，充分发挥领导的核心作用。

某品牌微商华东区团队经理，之前就曾经是一家世界 500 强跨国企业的总监。在选择微商事业之后，他凭借多年的领导经历，将团队架构打造得相当成熟。在团队中，他能很快发现每个人的特长，分别指派不同的人去开发各自擅长的市场，并积极进行提拔和奖励。通过管理，该经理轻松提升了营销业绩。

其次是**移动互联网架构下的管理能力**。受微商本身特点所限，团队成员往往分散在全国各地，领导者无法时刻将所有的团队成员在线下聚集起来，只能通过微信、QQ 群、邮件、电话等移动互联网工具进行联系沟通。

因此，领导者应该多学习利用互联网工具沟通、交流的方法，强化自身的管理角色，以便更成熟地管理团队成员。

最后是**微商领导者要有很强的激励能力**。王女士在成为微商团队领导者后，发现不少新加入的团队成员都是有空闲时间的人，包括大学生、全职妈妈等。因为他们大都比较闲，又没有固定收入或者收入很低，才会对微商感兴趣。

王女士很快发现，这些人有很容易退却的特点，不少人都没什么耐心，经常在起步阶段就不想做了。也有人虽然愿意做，但总是抱着不切实际的幻想，希望在朋友圈发发信息就能获得订单。

面对这些情况，王女士用充满激情的话语鼓励他们，展示各种成功案例，为大家注入信心。有这样的领导者，不少人原本动摇的目标又重新确立。

3.1.2 领导者需要具备的销售技巧

激励微商团队成员，要从他们的现实情况着手。领导者不能用空洞的理想、漫无边际的人生价值来增加动力；相反，应该向成员说明当下社会挣钱的压力和难度，引导他们积极了解微商成功者生活上的巨大变化，用家庭期盼、亲人鼓励等，激励他们不断通过微商来追求财务收获。

一旦他们挖到第一桶金，无论收益多少，都要及时鼓励，强调这是他们用正确的方法换来的成绩。

同时，领导者还必须掌握微商销售方面的技巧，这样才能带动团队业绩的提升。其中最重要的有三大环节，如图 3-1 所示。

引流环节。领导者自己要清楚整个团队应该去哪里才能找到目标客户，也要能指导不同团队成员寻找各自的客户。

成交环节。要懂得指导团队成员在朋友圈、QQ、微博等社交媒体平台上以怎样的内容和方法发送产品信息，才能让其不同的潜在用户感兴趣。

售后环节。要了解如何通过售后服务让客户产生复购、平息疑问等一系列手段。

当然，领导者还应充分熟悉产品。如果整个团队销售的是一款养颜美食产品，领导者就必须比所有成员更加了解产品的原料、原料生产地、价格、功效、独特卖点等。只有领导者最清楚这些内容，整个团队才会在其带动下进一步熟悉，并充分去宣传。

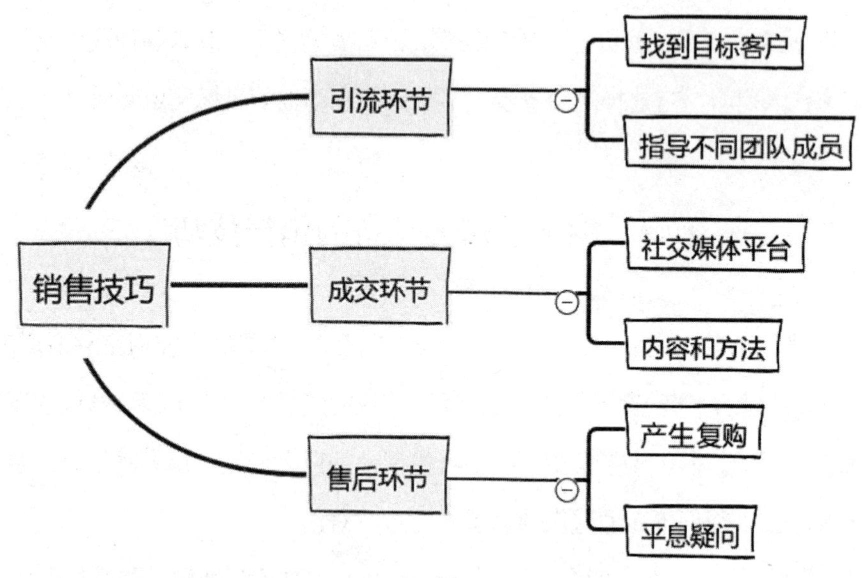

图3-1　领导者需要掌握的销售三大环节技能

3.2 你的直接领导决定你发展的高度

微商重在积累，很难一步登天。即便是今日微商界的“牛人”，在初入行业时，也只是最普通的角色。因此，越是刚起步的微商新人，就越需要有团队的强力支撑，不断战胜困难，迈上发展新高度。这样的支撑，既来自客户、同伴，更来自直接领导者。

然而，在微商界，想要碰上一个好的团队领导，并非轻而易举的事情。缺乏鉴别能力，很可能让你的事业雄心最终因“假领导”而破灭。

下面是一位微商新人在网络上的留言：

朋友在做微商，做得很好，她招人我也去做了。结果，她给我的价格和卖价只差了1~10块钱！这就是说，我卖掉一个300块钱的东西，最多只能拿到10块钱差价！而这还不算邮费！

然后，我就找到了另一个团队领导，东西倒是正品，可是每次发来的打包件都是坏掉的，化妆品的盖子也坏掉了，上面的字也磨掉了。虽然售后态度很好，东西拆包出问题了也给换，可是每次这样客户会不满意的。还好都是我自己经手，发现问题还没有发给客户……而且最后啊，为了表达歉意送了我一个面膜，我家有正品，对比一下我发现，是假的！

情绪低落的我找到了第三个团队领导，包装精致，东西是正品，而且规模很大，但是在我下了第一单后，拿到价格表发现，虽然产品和之前朋友的东西一样，但价格要贵很多。我在网上找了一家学生妹开的代购店，她的同款唇膏卖价45元，他们这里给我的代理销售价是52元，我怀疑有没有靠谱的团队领导啊！

许多微商新人都遇到过类似问题，或者是价格离谱，或者是产品有缺陷，或者是根本不在乎销售业绩，又或者是政策时常变动……其实，这些问题并不能说明没有好领导，而是在于新人缺乏发现并追随好团队领导的眼光。

新人如何判断团队领导能否提供充分支撑？

3.2.1 领导者的思路

首先，好的团队领导者自身应该有完整的思路。微商竞争激烈，比拼的因素相当复杂。有些团队领导（A）依靠思考和努力得以提升，而有些领导（B）则单纯凭借特殊社交关系、社会资源或前期投入获得成功。前一种领导能够教会成员很多，后一种领导则基本不可能将资源与成员共享。表 3-1 所示为这两种领导的对比内容。

表 3-1 不同团队领导特点对比

	领导（A）	领导（B）
朋友圈	①真正有多年的思考积累； ②有真实的产品信息、顾客反馈、成员反馈、生活和工作趣事等	①复制粘贴，依靠刷广告做销售； ②没有自己思考之后的编辑，也谈不上个人的风格特色
对待团队成员的态度	①了解成员情况； ②帮助成员逐渐形成独特的微商营销思路	①不断让成员囤货； ②然后再发一堆图片、文字给成员，让成员去发朋友圈

观察团队领导朋友圈的内容，就能清楚辨别出他们的区别：如果团队领导真正有思考积累，朋友圈会有源源不断的感悟表达出来，即便更新的文案不多，但总会有真实的产品信息、顾客反馈、成员反馈、生活和工作趣事等；反之，单纯靠存量资源的领导，朋友圈绝大多数内容都是直接复制粘贴，依靠刷广告做销售，既没有自己思考之后的编辑，也谈不上个人的风格特色。

在对待团队成员的态度上，两种领导也有所不同：有思路的领导，会首先了解成员的情况，包括生活与工作环境、经济状况、财务目标、风险承受能力，进而结合成员所能接触到的人际圈子，建议成员拿货的品种、档次、数量和营销策略。这样的领导者会帮助成员逐渐形成独特的微商营销思路，而不是成为可有可无的代销者。相反，缺乏思路的领导，则只是不断让成员囤货，然后再发一堆图片、文字给成员，让成员去发朋友圈，这样的领导者显然缺乏沉淀积累，难以带成员走上正轨。

曾经有个微商企业相当红火，其中有两位代表性的团队经理，A 经理做事高调、行事公开，B 经理相对低调，管理平稳。A 经理通过宣传和承诺，招收了很多成员，其中营销风格和她一致，也确实赚到了钱。

但随着成员增多，产品都直接压到了团队成员手上，A 本人和她的团队成员，实际上都赚不到钱。当企业开始转向经营时，A 和团队成员迅速清货，并选择了直接退出。

B 则有所不同，无论公司出任何政策、有任何变化，她都耐心地同样对待每个团队成员，及时将自己的生意经验与团队成员分享，当产品风向开始转变时，她已经找到了新的项目，并直接将所有符合条件的员工带到新企业中。

如果在这两位直接上司中选一位，无疑，选择 A 会让微商新手承担巨大风险，但选择 B 则能够帮助新手在团队中稳步成长。因为 A 即便能带着新手赚到钱，也赚不到思路，难以开拓更远的空间。

3.2.2 领导者的培训

即便领导者有思路，但想要在繁忙的团队工作中全面学习也并非易事。团队领导者是否会给团队成员进行定期培训或者一对一培训，决定着领导者优势发挥的多少。

在微商新人眼中，行业情况是一片空白，只有在直接领导的帮助下，才能尽量少走弯路。因此，一个负责的直接领导，会提前和团队成员约定好学习培训的时间，或者在 QQ 群、微信群中及时公布学习讨论的计划，如果他们做的只是收钱、发货，那么微商新人就应该考虑从团队中退出。

3.2.3 领导者具备的“硬件”

无论是思路还是培训，这些都属于领导者的“软件”。拥有这些“软件”，对微商新人会有很大帮助，但领导者还应该有对应的“硬件”。

首先，领导者是否有**一手货源**。货源对微商的重要性不言而喻，你应该明白直接领导在产品链条上位于哪个环节，该位置决定其手中的产品价格，也决定其产品是不是备货充分。

如果价格过高或数量不足，即便你再努力，也很容易流失客户。通常情况下，如果领导者并不熟悉产品，无法顺畅地做出产品介绍，就说明其手中货源可能存在问题，不利于团队成员的发展。

其次，要看领导者有没有获得**品牌授权**。品牌授权是确定领导实力的标志，无论领导如何宣传，如果连品牌授权都拿不出来，就说明其欠缺实力。

好的领导者必须要有经营资质，或者厂家给予的授权证书，这样才能证明其合法性。即便将来产品出现问题，也能找到问题源头和责任人，这样的领导者才令人放心。图 3-2 所示即为领导者应该具备的“硬件”。

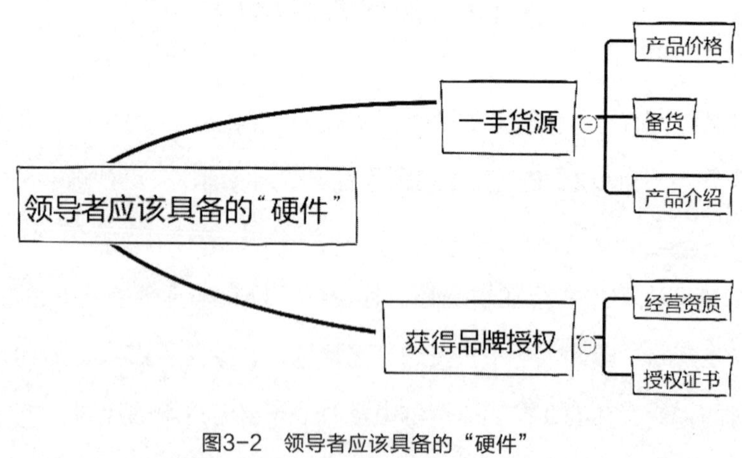

图3-2　领导者应该具备的“硬件”

无论如何，作为微商团队成员，与直接领导者都要多加沟通。即便在网络上接触之后感觉很满意，也应该及时争取见面。通常情况下，有实力的领导者都会答应正式见面，通过面对面的交谈来增进相互的认识与了解。如果对方有实体公司或工作室，也可以去参观一下，以便对领导者有深入具体的了解。

3.3 完善的培训制度与教育系统是保障

万丈高楼平地起，想要建立强大的微商团队，前提就是打好地基。一个好的个人微商，是否能成为好的团队领导，其区别在于团队基础的不同、培训教育水平的不同。

只要有了完善的培训制度和教育系统，起步时团队虽弱小，也能通过不断的裂变实现目标。而如果微商团队规模已经较大，就更需要建设系统的培训体系，保证人员素质和服务水平。

3.3.1 好的培训机制让微商事半功倍

Z 女士温文尔雅，有着光鲜的履历、出众的销售能力，客户和她聊天，总是会觉得如沐春风。对老员工，她也关心备至，旅行回来总会赠送礼品，过生日还会发送祝福和红包。对新人，她会耐心解说，一步步教课，毫无保留地传授经验。然而，Z 女士并不擅长组织团队学习，她的掌控能力相当欠缺。即便成员在学习中表现怠慢，没有认真按照学习流程做，掌握不了内容，她也很少会批评她们。

相比而言，M 先生就完全不同。虽然平时对待团队成员也很亲切，但每次群里的培训课，就像一场考试，每个成员听课时都会专心致志。M 先生事先准备的培训内容也紧凑、务实，同时生动有趣。

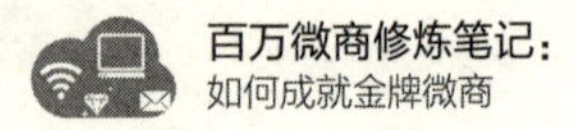

如果培训顺利，他会对学习认真的成员及时鼓励，例如发个红包、说个段子，然后继续挑战下一个目标。如果成员表现不好，他会直接提问，也可能干脆现场批评，毫不留情但同时又有理有据。

M 先生在培训时总喜欢说一句话："我是来教大家怎么出货、怎么挣钱的，不是来交朋友的。"他对培训的目标认识明确：一个好的团队领导，就是要掌握好培训教育体系，对每个成员的成长负责。

在实体企业中，从市场总监到片区督导，会有专业人士对成员进行培训。因为见面次数多、沟通方便，建立培训体系并不困难。但微商完全不同，销售和培训环节基本依靠手机，对成员的管理、对关系的维护只能依靠培训。因此，教育培训能够直接决定微商团队的兴衰存亡。只有像 M 先生那样足够重视，才能让团队具有强大生命力。

郭蕾，英文名字是 Emily，朋友们都叫她"爱美丽"。郭蕾活泼好动、幽默有趣，曾经是一家健身会所的营运总监，管理过 70 多家门店的所有营运部门，后来，她又加入了广告传媒业，现在任职的传媒公司承接全上海各大品牌健身会所的广告业务。

2014 年，她认识了 Skytex 总部运营总监康康，并迅速加入了团队，购买了 3 个乳胶枕，分别给自己和父母使用，全家人很快感受到了睡眠质量的提升。这进一步鼓励了郭蕾代理销售产品的热情。于是，她疯狂地在朋友圈中拓展销售，但朋友圈该买的人都买了之后，郭蕾发现自己陷入了瓶颈。她开始静下心来思考，自己的微商究竟应该怎么做。

正在此时，Skytex 的培训机制发挥了作用。公司组建了相应的群组，有销售群、内训群等。不仅为团队成员聘请业界名师大咖，开设线上商学院，还于 2016 年 7 月在成都举办精英领袖特训营线下培训，请到金迹人、郑清元、张文峰等专业老师讲课，帮助广大新手微商激发潜能，找到自我定位。

郭蕾发现，这些培训活动对自己帮助很大，既学习到了方法，提升了零售和招商的成功率，也受到了精神激励，认识了众多和自己有相同追求的人。她的收入从之前的每月一两万元，提高到了三万多元。

如果没有良好的教育培训体系，郭蕾可能永远会止步于瓶颈，但 Skytex 却改变了她的状况。

和 Skytex 一样，许多微商团队，越来越重视教育培训体系，其中主要包括两类内容：一类是公开课，即对外敞开式培训，主要目的是招收和发现代理销售人才，力求做到现场转化与成交；另一类是普通培训课，即对内封闭式培训，目的在于对团队成员进行管理，指导其零售技巧，维系团队成员关系，督促团队成员业绩升级。

按照时间顺序，上述两类课程可以按照下面的方式逐步开展。

微商项目开始后，首先要进行对外公开授课，从而招募首批团队成员。在对外公开课上，应该集中讲授三方面内容，如图 3-3 所示。

一是微商趋势，重点普及微商的长远发展前景，强调其不可忽视的重要作用，并具体联系到每个人身上，即个人利益。

二是模式优势，既要说明微商基于移动互联网的营销优势，又要突出本品牌、本企业与众不同的特点。

三是产品优势，即强调企业产品优点，体现对消费者和团队成员营销双方的重要价值。

在招募到第一批团队成员之后，内训就要随之跟上。

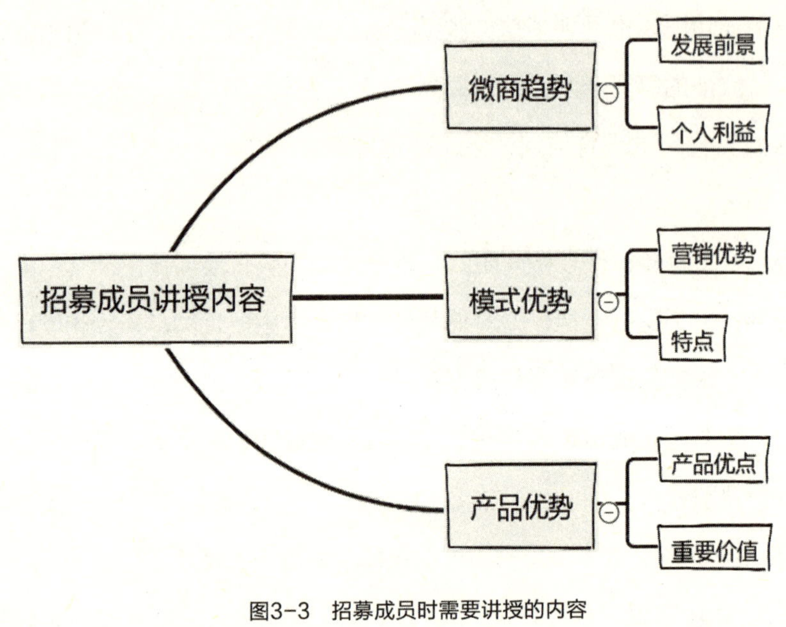

图3-3　招募成员时需要讲授的内容

3.3.2　优秀微商团队领导者的内训笔记

我们来看一份微商领导者的内训笔记。

第一周，对新人进行连续六天的内训，帮助其深入了解微商，认识产品，并建立团队意识。该阶段内训的主要任务是提高新人的存活率，避免新人在拿货之后不投入应有时间精力，导致难以坚持。主要内容包括六天内每天应发布的朋友圈内容，如微商前景、产品知识、微信基础设置、销售技巧、案例分享、朋友圈打造技巧等，如图 3-4 所示。

第二周，新人已拿到货，开始销售。这一周可开展 2~3 次的内训。内训内容中，包括微信营销技巧、产品知识、销售技巧、如何发朋友圈、执行力培训等都会涉及。通过这部分内容的内训，帮助新人完成首单，形成激励，如图 3-5 所示。

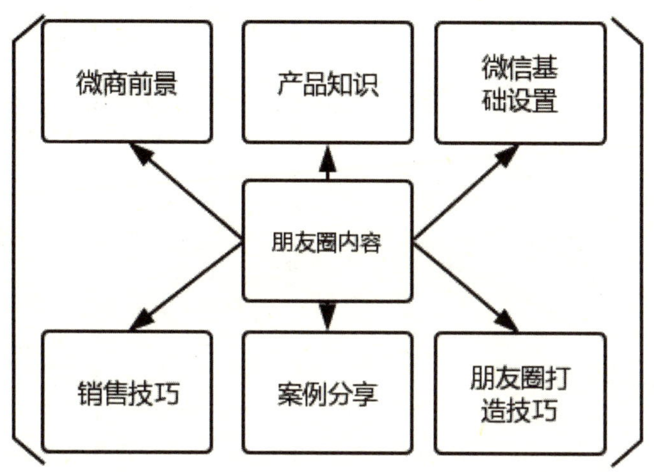

图3-4　第一周对新人代理商内训的主要内容

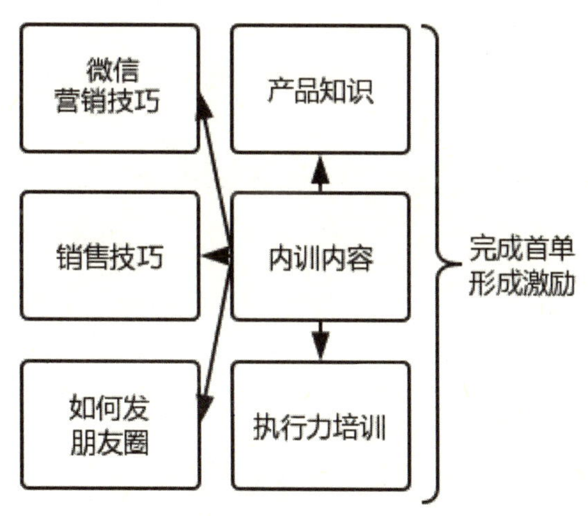

图3-5　第二周对新人内训的主要内容

第三周，在完成首单任务后，新人有了动力，就可以开始裂变阶段的内训课程。培训前一天，提前编辑好课程软文并建好社群。课程开始前 20 分钟，进行预热。课程开始后，在教学同时，开展抢名额或其他展示活动。课程进行时，由助理负责记录重点发言，便于后期管理，如图 3-6 所示。

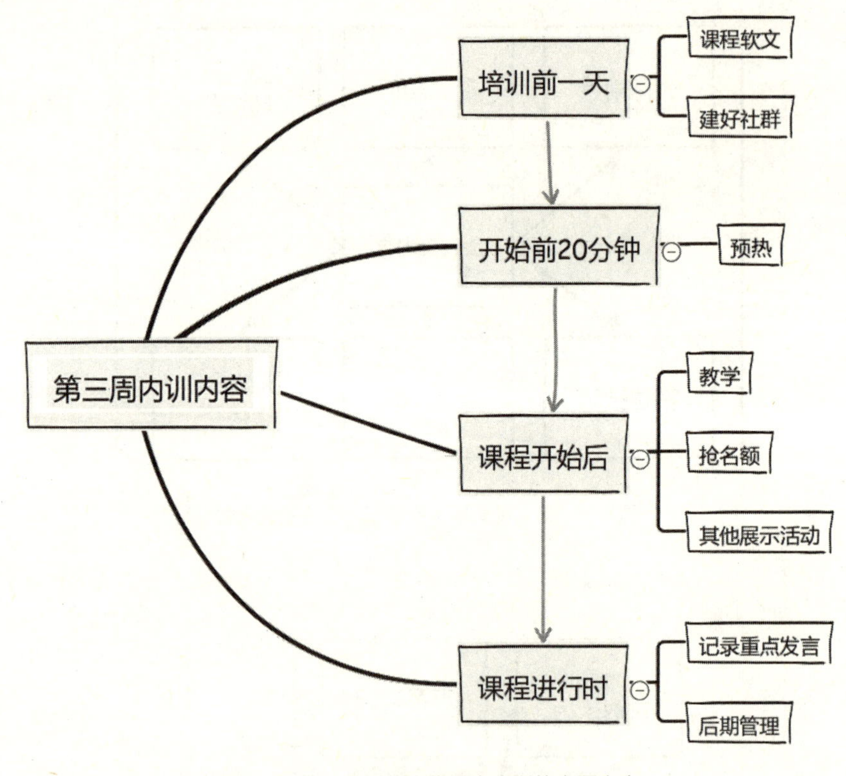

图3-6　第三周对新人代理商内训的主要内容

这个阶段的内训结束后，有部分优秀的团队成员升级。此时，这位微商团队领导又开展了针对新成员招募的日常内训。由于新成员的心态比较复杂，他们既不愿意吃苦，又缺乏信心和勇气，因此内训特需要针对其特点进行。

新成员招募的日常内训课程主要包括：品牌的独特卖点宣传引导培训、如何在朋友圈招商和转化；如何培养老客户并挖掘痛点、达到成交；朋友圈文案写作技巧、拍照小视频技巧、如何获取高关注度、朋友圈营销者式讲解；吸粉课程，包括引流方式、引流方向等。此外，内训重点还包括一对一培训技巧、心态培训如微商经历分享、如何应对销售瓶颈等。

在新成员筛选之后，管理队伍随之产生。管理队伍开始有自己的下属团队，其最需求的营销因素包括流量、粉丝队伍的扩大，粉丝转化和团队管理等。在内训过程中，根据每个管理队伍的处境、环境、目标、资源和能力的不同，及时为他们设置适合的培训内容，其中主要包括：如何转化微商同行、团队管理（如分工、基本运作、团队氛围打造、维护团队成员）等。

毫无疑问，如果你也积极效仿这位领导者，完成上述培训体系打造的流程，那么，属于你的团队教育培训体系就能完善搭建。为了奠定进一步发展基础，还可以扩大培训范围，直接面向所有有意向的客户、团队成员开设公开课，以便广泛传播，取得营销效果。

3.4 团队正能量是你坚持下去的良药

成功的团队领导者，始终在寻找和践行管理之道。然而，很多微商团队却总是轰轰烈烈地开始、垂头丧气地结束。伴随时间的流逝，微商团队内部变得积极性不高、配合不默契，领导者再努力也无济于事。归根结底，微商团队内充足的正能量，才是所有人坚持下去的良药。

3.4.1 积极进取的阳光能量

郭明洁，是土生土长的西安人，在她的血液中，流淌着来自父辈艰苦创业、热情无私、朴实善良、乐观坚毅的正能量，当这样的能量与 Skytex 团队文化相遇时，便产生了奇妙的变化。

上学时，郭明洁的父母遭遇了中年下岗，母亲要冒着严寒酷暑摆地摊，还要照顾八十多岁的姥爷。后来，母亲还做过一个月 200 多元的报纸投递员工作，当过商店营业员、工地炊事员。正是在父母的努力支持下，郭明洁才读完了大学。大三时，母亲脑出血病倒了，还是借钱才送去医院的，却因为耽误了治疗，不幸去世。

郭明洁从此立志：一定要帮着父亲支撑起家庭，不管是超市促销员还是橱窗模特、家教、广告销售员、群众演员，她都愿意去尝试和挑战。

工作之后，郭明洁更是带着感恩的心态面对事业和家庭。在结婚的第 11 年，一次年底体检时，郭明洁又被查出颈椎严重反曲的问题，从认识十几年的笔者口中，她了解到乳胶枕能够改善颈椎问题，抱着试试看的心态，郭明洁认识了这个品牌，并成为了代理销售员。她很快就发现，笔者公司的团队像一家人那样互相帮助，引进了先进的代理销售员专用订货系统，让成员轻松便捷地工作。

当郭明洁犹豫是否要升级做大时，还是公司的正能量感染了她，让她下定决心成为公司更高级别的管理者。郭明洁相信，自己只要坚持吸收和学习，就不会再让父亲过苦日子，不会为孩子的成长担心教育经费，也不会因为经济紧张而减少社交活动，更不会为未来的生活担忧……而这一切，都是 Skytex 的正能量所赋予她的。

微商团队的正能量，来自每个员工自我性格中积极进取的阳光部分，而领导者则要负责用决策和管理将其共同点凝聚起来，形成正面激励。只有团队能传递正能量给员工，员工才能像郭明洁那样，表现出相应的正能量。

3.4.2　领导者以身作则的正能量

牛先生在组织起微商团队之后，做的第一件事就是为团队起了个响亮的名字：牛魔王团队。因为他担任个人微商时业绩突出，创下过一个月出单利润几十万元的奇迹，大家都开始以“牛魔王”这个昵称称呼他，他干脆将“牛魔王”这个称号与团队分享。他说，如果用平淡的“××品牌××省团队”，显然在心理暗示上就缺少足够能量。

产品需要品牌才能打响，微商团队同样也需要品牌，品牌不仅便于宣传记忆，也能给成员带来积极上进的影响力。领导者应该给团队取便于记忆、响亮而富于鼓动性的团队名称。团队名称可以和领导者个人的特点联系，也可以和产品品类联系，如“环保面膜军团”“瘦身突击队”等。此外，还可以使用稍显夸张的名词，如“霸王”“荣誉”“火线”等，让团队成员从字面上就直接得到激励。

只有响亮的团队名称还远远不够，领导者的以身作则也很重要。作为领导者，必须拿出切实行动，形成带头作用，下属的团队成员才会将领导者作为榜样和目标，并以绝对服从的心态跟随。

在不少正能量充沛的团队中，领导者会经常牺牲休息时间，为客户解决重要问题，并将双方的互动、反馈加以整理，截图发表在团队群中，让所有人了解到自己的全心付出。

3.4.3 团队中的意见大咖

不仅如此，领导者还要在团队中打造意见大咖，寻找到积极性高、充满正能量的成员，让他来带动大家活跃气氛、提高工作积极性。

领导者可以对团队中业绩量大、收入高的优秀员工进行跟踪，了解其工作日程，抓住其业绩上升的关键点，对这些优秀成员的表现及时“曝光”，宣传他们取得首单、第一百单或者创下个人业绩记录的证明文件等，也可以安排他们和新成员形成师徒关系等。

这样，优秀团队成员会逐渐在团队中拥有足够威信，成为意见大咖，带动其他人进步，如图3-7所示。

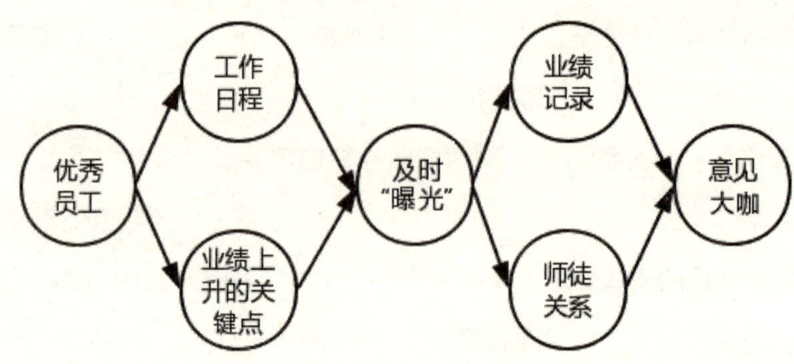

图3-7　领导者要在团队中打造意见大咖

不过，再强大的意见大咖，如果没有合适的团队土壤，也难以发挥作用。强化团队正能量，必须要强化对团队成员的预审核。

× 品牌大区经理程先生组建团队的原则是，尽量阻挡“负能量”的人进入团队。

程先生在总结经验时提出，有些人刚开始接触了解，就用其他产品来比价格、买少量产品都要砍价、包邮，即便他们主动表示想要加入团队，领导者也应该慎重行事；相反，如果有人始终关心产品质量、功效，在思考如何用产品吸引人，这样的人适合发展成为团队成员，并带动整个团队形成积极向上的气氛。

为了让意见大咖和普通成员之间有良好的互动，领导者要积极活跃团队。团队 QQ 群、微信群应该每天组织互动，鼓励大家在群里进行积极交流学习、探讨。可以通过团队互动，如游戏、唱歌、发红包等，让成员感到群体的温暖，互相团结并帮助。

同时，领导者应该事先在群里制定规矩，群是公众环境，每个人可以有自己的不同想法，但不能发布负面消息，如果有什么牢骚、抱怨，可以找领导私聊解决，只有这样才能形成团队的向上气氛，如图 3-8 所示。

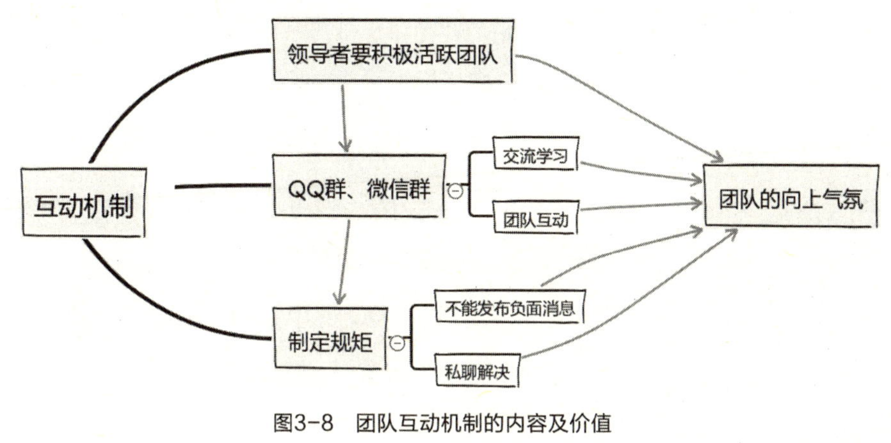

图3-8　团队互动机制的内容及价值

如果是新组建的微商团队，“托儿”的方法，也能顺利带动正能量氛围。这是因为在新团队中，不少成员比较矜持腼腆，几乎没人愿意出头分享。为了避免群的沟通氛围就此冷却，领导者最好提前和比较优秀、成熟的团队成员交流，并要求他们积极活跃群内气氛，带动新人互动。

随后，要求其在指定的时间、场合如群会议上再次发表感想，成为带动大家积极性的“托儿”，并同时承诺相应的奖励。

3.4.4　团队目标很重要

营造团队正能量过程中，设立目标也相当重要。没有目标感就没有正能量，领导者应该为团队设立目标，也要为每个成员设立目标。可以在每个月月初制定目标，并及时通知到每个成员，让他们清楚知道自己应该完成的任务，包括每月总业绩、每周业绩、每日业绩、发单数量、好友数量等。还可以包括具体业绩操作方案，即完成这些目标需要付出哪些具体努力、如何执行等。

为成员设立的目标，应该具体而实际。一家微商团队的资深领导谢女士，总要求每个团队成员在每周写下最重要的 5 件事，然后将这些事情列出来，贴在床头，每天激励自己去完成。类似的方法，能够促使整个团队中的大多数人始终保持良好状态，朝向各自的精准目标努力。

需要注意的是，业绩好的团队也并非始终充满正能量。在强势团队中，经验丰富的领导者，会更加注意避免利益分配导致的负能量。当然，不仅依靠领导者的个人威信，还得益于团队形成处理冲突的规则。

作为成员的行为准则。某微商团队的 QQ 群中有这样的明确规则："如由于营销产生冲突，双方不得拉拢群内任何第三方成员支持自己，必须向团队领导汇报。"

类似的规则，避免了团队内部小群体的产生，扼杀了负能量，通过坦率、公正的讨论，带来积极的想法和行为。类似规则可以根据团队的发展程度制订，具体内容虽有不同，但必须将之和整个组织的行事方式结合，最好能形成文字，在团队内部公开传阅，确保所有成员同意并遵守执行。

3.5 不盲目囤货，不独担风险的团队才是好团队

微商创业，大都是从个人行为开始。然而，没有好的团队环境，个人创业不仅势单力孤，更容易走弯路，承担不必要的风险。

3.5.1 囤货到底好不好

小鹏在加入某品牌微商团队之后，听从了团队领导的"劝说"，盲目进了大批产品。领导说，囤货是为了得到价格差，因为拿的量大，产品才会优惠。但几个月过去了，小鹏联系领导时，除了得到一些"心灵鸡汤"的文字，毫无

实际帮助。他开始犯愁：自己的这些产品究竟怎样才能找到出路？

类似的盲目囤货现象，在微商新人团队中尤其多见。目前很多厂商利用媒体，夸大宣传做几个月微商就能实现数千万元甚至上亿元的成交额。但现实中，这些销售额真正被终端消费者消化掉的很少，大部分都囤在了团队新人成员的手中。

实际上，囤货并非完全不可取，适当囤货，确实能够降低个人拿货成本、提升营销积极性，并预防产品数量欠缺。但不少团队领导者一开始就片面宣扬囤货的好处，给成员的支持力度又相当欠缺，这就会导致很多成员的产品积压，形成滞销。随后，市场上会出现大量低价抛售现象，整个产品体系被打乱，最终使风险施加在整个团队身上。

因此，在新人刚加入团队时，必须要足够清醒，辨别团队究竟是在提倡合理囤货，还是盲目压货。而作为团队领导者，可以建议新成员从“代发”模式起步，加入无需囤货的团队积累经验。等手头有了一定的客户资源后，再开始逐步学习囤货，对业绩加以提升。

3.5.2 交不交押金

相对“囤货”这把双刃剑，押金可谓必须规避的纯粹风险。目前，绝大多数正规微商团队都不会提出押金要求，但凡动辄要求提交押金、培训费、保证费的“团队”，往往都存在圈套。

经朋友推荐，小惠就接触到一份听起来能够轻松赚钱的“微商推广”兼职。朋友给了她十余个微信群，包括“手机易点赚”“工资群”等。群主说，想要入群，必须先交 280 元（初级）、560 元（中级）、1120 元（高级）或 1680 元（特级）押金，可以级别自选，也可以先低级再高级，补足差价即可升级。

另外，级别越高，日薪越高。初级日薪有 25 元，中级 50 元，高级 100 元，特级日薪则有150元。如果能做满一个月，押金就全部返还，之所以要收取押金，是为了防止有人低价出售产品，破坏市场平衡。

为了能更快地赚到微商的第一桶金，小惠毫不犹豫地交钱给群主，取得了入群资格。第二天早上，她就在群里看到了任务，群主发送了三条链接，内容都是卖化妆品、衣服的微店广告，只要群友将之转发到各自的微信朋友圈并截图发到群里，就算完成工作，晚上就能领25元红包。

第一天，小惠就靠转发内容赚了25元。她高兴地推荐了4个朋友加入群，拿到了总共240元的推荐奖励，此外还有50元的额外奖励。小惠沉浸在赚钱的喜悦中，打算一直这样将“微商”做下去。

没想到，几天之后，小惠吃惊地发现，群被封号，消息无法送达。想到自己和朋友们的押金并没有返还，小惠焦急地联系了那些曾经发过广告的微商企业，没想到，这些厂商都表示对所谓的推广群毫不知情。小惠才意识到，原来，自己进的“微商团队”，只是随便找些链接让成员转发，目的根本不是做微商营销，而是骗取押金。

类似的“微商团队骗取押金”事件时有发生。在选择进入团队之前，一定要擦亮眼睛，判断团队是否真正在做微商营销。

3.5.3 如何承担风险

关于承担风险这一点，判断依据有两条，如图3-9所示。

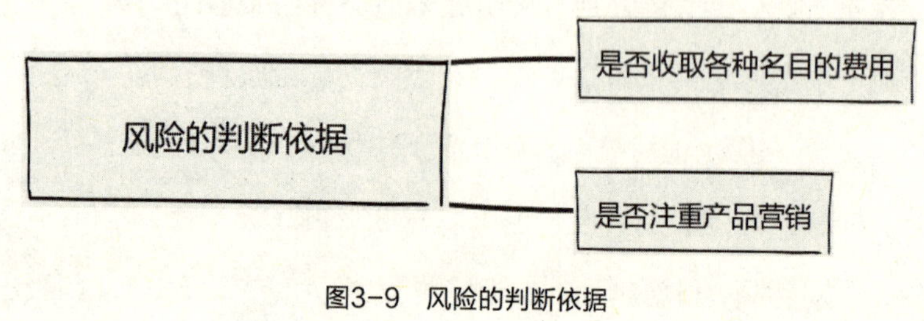

图3-9 风险的判断依据

首先，团队对加入者是否收取各种名目的费用。除了押金之外，要求成员缴纳金钱的名目还有培训费、材料费、保证金等，其中有专门的骗子团队，也有诚意不足的微商团队，后者虽然也从事微商经营项目，但获取利润的主要方式显然不是产品，而是通过案例中那种“拉人头”渠道来收取收益。

无论何种具体原因，在目前微商团队竞争激烈的情况下，还以费用作为门槛的团队，可以确定其“醉翁之意不在酒”，不适合新手加入。

其次，团队是否注重产品营销。真正的微商团队群不会死气沉沉，即便成员发言积极性不高，领导者也会为了调动积极性而活跃气氛；与此相反，那些以转嫁风险、收取费用为主的团队，领导者不仅不提倡甚至禁止在群内交流沟通。因此，通过观察QQ群、微信群的发言状况，也很容易做出正确的判断。

总之，加盟微商团队，是为了实现个人价值、成就财富梦想，在这条道路上，远离盲目囤货、远离押金骗局，才能既快又稳地实现目标。

3.6 利润分配制度决定团队能走多远

一个团队想要走得更远，先决条件是拥有完整的管理制度。利润分配作为制度的重要内容，不仅要杜绝明显的缺陷和漏洞，还要与销售管理制度系统相互配套、相互制衡，并有相应的奖惩管理政策与之相匹配。

如今的发展形势下，不少团队的利润分配策略总是存在短板，团队建设出现“水桶效应”，导致整个团队管理制度总是不能发挥应有的价值。例如，在营销过程中，应当受到鼓励、应当获取更多利益的行为，并没有得到相应回报；反之，一些不应获利、需要惩处的行为，也没有得到处罚。这就导致整个团队的积极能量受到压制，影响未来效益。

来看两家微商团队，其利润分配制度带来了不同的结果。

A 团队领导者因为担心收入差距大，影响团队气氛，于是尽量让所有人收入接近。团队业绩整体良好时，每个人奖金起点都高；而业绩不佳时，则每个人的收入都会下降。半年之后，团队中每个人的收入都差不多，原本销售成绩突出的成员开始懈怠下来，而成绩不佳的成员似乎也没有什么动力。

B 团队领导者则截然不同，他事先声明，将给团队成员发的基本工资全部截留下来，进行二次分配。为了做到合理分配，他不惜牺牲时间和精力做考核专案：这个月专门做新品铺货的排名奖惩、下个月则做模范销售代表排名、再下个月做旺季销售排名……如此一段时间后，团队成员的积极性大增，业绩也出现大幅度增长。

如果成员之间的收入并没有什么差距，整个团队的士气就会很低。但有了专项考核，差距则被拉开。加上领导者自身行为比较规范，没有任何不良行为，事先明确了考核规则，将计算过程公开透明，结果是整个团队内所有人都受到了有效的激励。

整个团队所创造的“蛋糕”，必须根据每个人业绩、能力、态度的不同加以重新划分，整块“蛋糕”才能越做越大。而是否对利润重新分配、分配制度是否合理，能够检验出领导者对团队的掌控能力、激励能力。因此，建立团队利润分配制度是非常必要而科学的。

3.6.1 业绩与利润分配

此外，业绩与利润分配也十分重要。

某团队不仅按照月成交量多少进行奖励，还结合成交量中有多少单来自新客户、多少单来自老客户来考核，根据上级政策分别结算新客户、老客户的分值。一个周期内得分越高的团队成员，拿到的利润越多。这种分配因素更为灵活，不但体现了业绩贡献的大小，还体现了一段时间内业绩侧重点，使得团队分配政策更具指导性。

3.6.2 工作难度与利润分配

成熟的微商团队并非只需要销售代理，还需要文案、设计师、产品讲师、培训讲师等，稍大的团队还需要活动策划和执行人员。例如，文案人员需要为团队提供朋友圈文案素材，设计师则需要提供朋友圈宣传图片、文案需要的配图，产品讲师要负责微信号的维护、产品培训、客户服务等。

在利润分配上，就不能单纯用这些人销售多少产品来衡量他们的贡献，而要划分合理的标准，考核其取得的业绩，并合理决定这些岗位的利润分成。

3.6.3 特殊贡献与利润分配

例如，成员提出了合理化的建议，为团队发展新客户带来了整体的主动权；成员贡献自己的特殊人际关系，为团队争取和赢得了资源；成员及时对同事的错误进行弥补，留住了重要客户等，这些情况，团队领导都应及时进行汇总计算，评估出贡献，给予特殊奖励。

利润分配制度优化，无形中能促进内部竞争的主动性，激发微商团队成员提高自身销售能力。一个好的利润分配制度，可以帮助领导者搭建强大的团队，更能从结果上保证团队的运行效率，达到事半功倍的效果。

第 4 章

引流：精准定位，疯狂吸粉，做个微网红

4.1　加一千个路人不如加一个精准客户

4.2　要熟知人性，找到引流的“藤”

4.3　装修朋友圈，传播正能量

4.4　活跃微信群，做个好教练

4.5　“借塘打鱼”与“自建流量池塘”

4.6　个性化包装自己，做大咖，做网红

4.7　全渠道引流，多平台沉淀

4.1 加一千个路人不如加一个精准客户

微商的壮大离不开好友。好友数量的多少、质量的高低，决定着微商经营规模的大小。不过，在信息量庞大的移动互联网时代，好友不会凭空而来，必须不断引流。引流方法是否正确，决定了好友的质量——只有正确引流，好友向客户的转化率才会越来越高。因此，与一千个路人成为好友，不如准确地引流一个潜在的客户。

4.1.1 引流无定法

孙巾晶，来自天府之国——成都。她和乳胶枕的结缘，少不了小钰的精准引流工作。

孙巾晶的本职工作行业是交通运输业，她担任某航空公司职员兼飞行员教员，从业 10 年来，常年 3 班倒的工作节奏让她不断熬夜，生活作息不规律，再加上年龄渐长，睡眠质量越来越差。但孙巾晶自己是一个对睡眠、对床品有较高要求，同时注重生活健康的人，这样的工作环境让她感到苦不堪言。

为此，孙巾晶使用过多种材质、不同类型的枕头，也包括从国外带回来的乳胶枕，但是效果都不明显，她还是会经常失眠，最严重的时候，曾经失眠 1 个月，为此，家人甚至建议她去吃安眠药。

就在这个时候，孙巾晶发现了小钰朋友圈分享的乳胶枕产品，她很快被这款产品的功能吸引。孙巾晶发现，这款乳胶枕对颈椎的呵护保养功能，几乎就是为她量身定做的。试用短短一段时间后，她的睡眠质量就有了提升。

因此，孙巾晶毫不犹豫地加购了产品，并成为了代理销售商，组建了自己的团队，她将自己的体验作为收获与团队成员分享，取得了喜人的营销业绩。

小钰的宣传营销，不仅让孙巾晶接触到了乳胶枕，改善了睡眠，还通过她开发了更多的客户，将产品送到许多新朋友手中，化解了她们的失眠痛苦。可以说，找准最需要产品的朋友，比加一千个路人还要管用。

再来看一组其他成功微商的引流实战案例。

小雪想要做中老年保健产品微商项目，却苦于缺乏足够的精准客源。研究之后，她找到母亲在老年大学的朋友，在这些阿姨手机上分别登录微信，然后将她们的通讯录好友导入到自己的微信中。很快，她的微信账号上就有了两百多个阿姨粉丝。

某研究生手头有不少参考价值很高的考研资料，他希望能通过微商形式销售。于是他加入了十余个当地考研QQ群，并给每个群成员发送产品信息。不久之后，他手头就有了几百名考研学生客户。

某服装微商团队经理经常会走进不同服装店，假装挑选衣服，并声称自己想要随时看新款。利用这个理由，她获得了上百个服装店店主的微信，随后从中发展了不少优秀的成员。同样，她还时常在相关淘宝店铺页面的“描述”中观察、寻找店主微信，那些经营业绩不够好的，也是该团队发展团队成员的重点对象。

一家母婴用品微商，经常发表育儿类软文到相关论坛、贴吧、App中，养了不少资深大号。同时，该微商将主动回复、咨询的网友列为精准引流对象，营销效果很好。

一家进口葡萄酒微商，设法找到当地高尔夫球俱乐部合作，通过联合举办活动，共享彼此的客户。这个引流方式让他们的客户在短期内增加了一倍。

某本地零食微商，将公众号二维码印刷在试吃包装上，并在电影院、咖啡馆等年轻人流密集处赠送。只要关注该商户的微信公众号，就能免费试吃。这种方式，让他们得到了精准的一手客源。

上述引流方案，结合自身特色，都取得了良好效果。如果不加选择、随意引流，单纯希望扩大基数数量来获得客户，经常会浪费资源而得不偿失。

曾经有微商选择用微信号随意添加“附近的人”，甚至使用工具进行群发，或者派出业务员“扫街”，对所有人都派发二维码或要求扫码加好友。

结果，前者因为过多的添加行为，被微信平台封杀；后者则浪费了很多赠送出去的扫码礼物，许多路人关注公众号只是为了拿到礼物，随后就会无情地取消关注。更有甚者，微商创业者在地铁上要求他人扫码关注，结果引发路人愤怒，并产生矛盾……

所以，微商团队在引流之前是否有准确目标、是否有对应方法，都会决定引流效果。只有目标准确、方法得当，引流才能不断吸引到客户而非路人。实战中，不少引流方法已被证明行之有效，但微商必须掌握运用的原则，才能恰到好处地选择运用。

4.1.2 引流要对潜在用户进行画像

对潜在用户进行画像，这其中包括对客户的性别、年龄、收入状况、活动区域、消费特征、社交习惯等加以甄别，找到能够让他们和普通人加以区分的标签。有了精准标签，就有了明确的引流目标。

例如，“年龄在20～25岁的女性，月收入在5 000～8 000元，喜欢逛书店，愿意为精神享受付费，并喜欢高学历圈层的社交活动”，这样的标签，显然比

“年轻女白领”要准确许多，也具有更好的引流指导作用。图 4-1 所示为百度指数对“乳胶枕”这一关键词的用户画像。

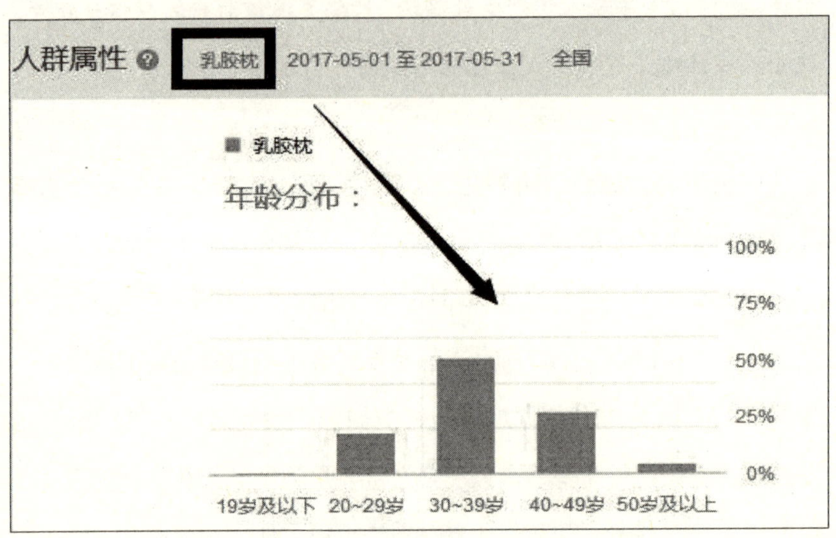

图4-1　百度指数对“乳胶枕”关键词的用户画像

4.1.3　引流的“隔离”法

成功的引流方案可以选择不同途径，但其根本原则在于找到有效“隔离”方法。在引流方案中，微商要利用有效工具，划清“隔离”范围，确保从普通人中识别出重点客户，并对其联系方式加以保留。

其中，工具包括 QQ 群、微信群、电邮地址目录、电话号码目录、实体店 VIP 客户名单等；范围则可包括线下活动区域、线上关注重点、年龄范围、职业范围等。

还可以在他人已有工作基础上划定范围，再运用工具加以“隔离”，方便凸显那些精准客户。如果不事先摸清范围、选择工具，就无从谈起“隔离”，导致引流失败。

4.1.4 引流与产品定位

此外，引流能否成功，和微商是否准确定位自身产品有很大关系。一家中式快餐店发展微商模式，其实体店位于某二线城市商务区附近，线下消费者均为写字楼白领，但引流时却主打“价格低廉、菜品实惠”特点，试图依托地铁枢纽，吸引对价格敏感的路过人群。这种引流方案从一开始就没有看准产品定位，自然很难谈得上高效引流，反而白白浪费了成本。

确定精准客户的方法重在不断实践，能在茫茫人海中逐一找到最需要产品价值的人，确保领先于竞争者，这种成就感将激励微商不断奋斗。

4.2 要熟知人性，找到引流的“藤”

当下，即便行走在县级城市、乡野田间，埋头阅读手机信息的人也比比皆是。这说明，微商所面对的市场，不可能缺“流”，重点在于如何“引”。

不少微商坦承，随着竞争加剧，客户眼光越来越高，注意力越来越分散，很难在短时期内利用爆款产品或炒作营销吸引大批流量。但实际上，引流效果不佳，根本原因在于对人性的忽视。

目前的微商行业中，许多团队的引流方案都围绕产品价值，试图以产品满足客户直接需求来引流。然而，客户的直接需求无外乎衣、食、住、行、健康、育儿等，其所对应的产品种类已经相当丰富，客户有足够的选择空间，难以将之同具体微商直接“绑定”。只有当微商团队能刺激到更为内化的人性时，他们才能被真正吸引。

4.2.1 引流的藤——钱

不妨看下面的引流实战案例。

某微商在许多QQ群和微商群发布了这样的信息：

“信不信由你(转发截图有私信红包)，恭喜发财，喜气天天来！土豪红包群公开，群号为：×××，加群就送10元红包，每天都有红包雨，本地第一红包大群，期待你一块来玩红包大战。大家帮忙转发5个群截图，就有20元私信红包。下面我就先在这个群给大家包20个10元红包。”

随后，该微商在每个群发了200元红包，共计消费3000元左右。很快，他们吸引了第一批几百个种子用户进入QQ群内，并通过后续活动裂变流量。具体方法是设置群公告：

“进群朋友注意了，现在是邀请好友进群领红包活动。邀请10个好友拿10元红包，20个拿20元红包，依此类推，上不封顶。最低邀请10个朋友，邀请10个以上进群就能领取红包。邀请得多拿得多，进群后才有效，邀请最多者给予奖励188元。抓紧机会邀请好友进群！邀请活动结束后，开放群禁言，统一在群里派发万元红包雨！”

当然，只有这些文字，还无法刺激群友们邀请，微商还将发红包的截图发到了群里。通过不断释放类似邀请，加上充分的截图、良好的语言技巧，营造出抢红包的紧迫感。

例如：“今晚八点就要开始洒红包雨，现在离发放红包还有最后20分钟，现在把没有将本群分享到其他5个群的人清理出群，请大家关注群公示，完成分享任务后来领取红包。请所有人抓紧最后的时间，10分钟后清理全部没有转发的人。”

当人数激增到事先设定的目标后，可以开始“捕鱼”时，该团队发送信息如下：

> “由于参与抢红包活动的人数较多，为了方便管理，确保每个人都能够领取红包，请大家到我们的微信群领取红包。微信群红包需要大家关注公众号 ×××，可以直接扫码（提供二维码）进入。请大家按照提示来微信群领取红包哦，只有10分钟的入场时间，抓紧最后的机会上车！”

就这样，该微商并没有事先宣传产品价值，而是通过人性中爱占小便宜、生怕错过机会的弱点，短时间内得到大量的粉丝。这家微商的后期营销业绩证明，前期的投入不仅分毫没有浪费，反而带来了不菲的收获。

4.2.2 引流的藤——人性

除了红包引流之外，通过人性特点引流的方法还有很多。一般而言，只要不违背法律法规和社会公德，微商可以利用人性的某些特点，对流量进行巧妙引导。

4.2.3 引流的藤——学习

需要意识到，抓住人性这根“藤”，并非只是强调人性的弱点。相反，在竞争激烈的时代中，人性也有着积极向上的闪光一面，也完全能用于引流开发。

以移动互联网时代的个人学习为例，许多人都希望通过扩大眼界、拓展人际关系、强化知识和技能，进而得到事业上的进步，诸如 ×× 俱乐部、××VIP 群、×× 读书会、×× 思想群等不一而足。不少人都认为自己加入这些“圈子”，接触到各个行业内的“大神”，迟早也会成为“牛人”。这种想法和行为相当普遍，体现了人性向善。微商完全可以利用这一特点，打造如“培训”“学习”“研讨”或者“思想交流”“创业设计”的圈层，从中发展成员，进行精确引流。

抓住“藤”才能摸到“瓜”，以人性特点为突破口，微商手中的引流事业就能够变得越来越高效和简单。

4.3 装修朋友圈，传播正能量

微商团队的朋友圈引流，是引流营销的重要方法。有了精美的朋友圈，原本陌生的潜在消费用户看到之后，就会在短时间内被内容吸引。而集体朋友圈的打造，更容易造成协同声势，引流由此能够得到充分施展。

4.3.1 朋友圈系统化规划

F 小姐原本肤色比较黯淡，加上经常熬夜工作，更是显得憔悴。在试用某款化妆品后，她感觉效果非常好，很快成为了微商。为了让更多朋友了解产品价值，她开始在朋友圈发布自己的“美容日记”。

第一天，将自己之前的自拍不加修饰地发布在朋友圈中，并附加评论“从今天开始，我打算使用美容产品改善肤质了！”；第二天，她晒出了产品图片，还包括其外包装、说明书等；第三天，F 小姐开始分享自己使用产品之后的自拍，随后的一两周内，除了美食、工作或者朋友照片，她也会偶尔上传美容过程和心得……

这些照片每天都会吸引不同的朋友留言评论，由于自拍照变化明显，朋友们开始询问产品的质量和价格。由此，F 小姐成功地利用朋友圈分享，获得了第一批关注流量。

微商对朋友圈进行“装修”，并非简单地展示产品价值，而是将和产品有关的生活状态、心情体验融入产品，以便直观形象而又不着痕迹地传播正能量，以积极乐观的态度改变朋友们的心态，促成购买，如图 4-2 所示。为此，微商必须重视团队成员朋友圈的打造，实现高效引流。

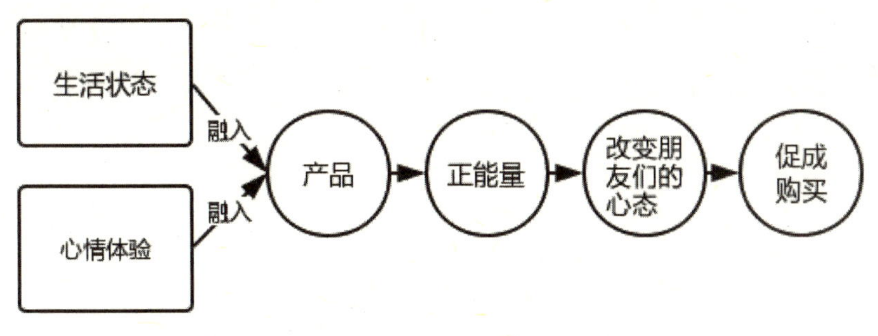

图4-2　要善于“装修”朋友圈

在具体装修朋友圈之前，微商应该先评估自身或团队的发展状况，然后决定选择进行朋友圈营销的微信数量。

例如，李先生刚开始接触微商，他采用了两个微信号进行朋友圈营销；张姐已经从事三年微商，是多家产品的代理销售员，她不辞辛苦，手头同时维护十来个微信号；而某微商团队已经有了几十个代理销售员，团队领导要求他们分别建立不同的朋友圈……

通常，在规模较小时，最多只需要五六个微信号朋友圈；而群体式的朋友圈，则可以形成团队的矩阵引流，每个成员手中的微信账号，也可以由团队统一提供，属于集体财产。此外，无论是个人还是团队，每个微信账号朋友圈所对应的朋友数量，应该在 200 ~ 300 个左右为宜。

4.3.2 朋友圈内容及发布秘密

开始装修朋友圈时，首先应考虑朋友圈内容的数量和类别。每天发布的条数应均衡，控制在 5 ~ 8 条较好，少于 5 条会因为信息较少而被忽视，多于 8 条则可能打扰到朋友，会降低引流效果。在类别上，可以包括产品使用信息、优惠信息、相关生活知识普及等。

当然，微商朋友圈也不应该单纯和营销有关。某些微商团队的朋友圈千篇一律都是产品、价格和反馈，让许多新朋友望而生厌，不愿再关注。

解决这一问题的方法是要求团队成员适当分享真实生活，例如自拍、风景、孩童、宠物、美食等美好信息，让整个朋友圈“活”起来，既多姿多彩又生动有趣，从而凸显微商优雅的个人形象和趣味。

须知，朋友圈代表的是个人品位。一个人是有生活和精神追求更具备吸引力，还是庸庸碌碌、成天只想赚钱更有吸引力？答案自然不言而喻。

利用朋友圈初步建构起属于微商团队的吸引力之后，还要建立个性化的内容体系。

在朋友圈中，即便是营销内容，也不应单纯复制粘贴其他团队成员都可以使用的材料，包括聊天记录、产品图片等，而要围绕具体情况来搜集信息。

例如，团队中的新人可以自行建立“小号”，进行“对话”并设置内容，加以截图；也可以让他们邀请朋友拿着产品来拍摄图片。这样既能体现真实性，也能展现不同点。

为了让朋友圈看上去有所不同，还可以要求团队成员设置能让客户注意的闪光点，重点应该包括让客户最敏感的信息内容。产品类的如成员的订货量、出货量，客户类的如某个客户的回头率、老客户带来了新客户等，问题类的如具体解决了朋友的健康问题、生活需求等。多分享这些独特的闪光点，朋友就会从关注到评论转发，并持续类似冲动，直到成为忠实客户，如图 4-3 所示。

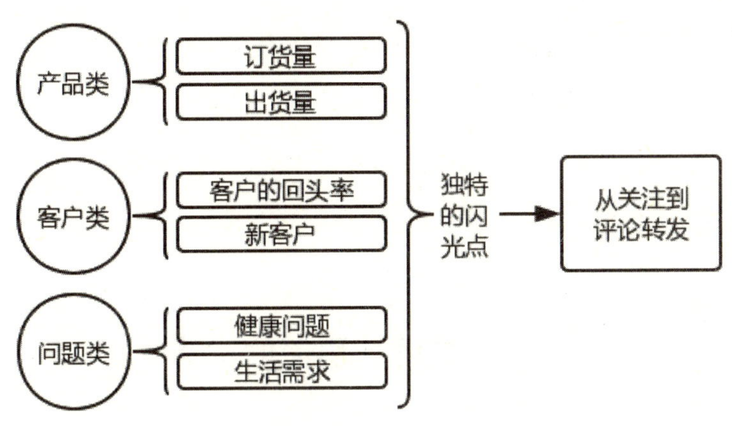

图4-3　朋友圈独特的闪光点能推动传播

与微商个人形象有关的信息，则更容易包装出个性化感觉。朋友圈正是“朋友之间的交际圈”，你应该让别人知道你的相貌、工作内容、性格特征、家庭情况等。

一段时间内，不同的团队成员最好只凸显一种个人特色：漂亮、热心公益、善于学习、积极阳光等。这样，整个团队的形象就容易在竞争中脱颖而出，给客户留下深刻印象。

4.4 活跃微信群，做个好教练

通过微信群为电商引流，最大的难题是需要花费足够的时间和精力成本。如果不能在短期内让微信群活跃，则很难将好友转化成客户。但如果花费太多资源，又不现实。为了解决个中矛盾，不妨选择活跃微信群，成为团队好教练。

不少人误认为，想要做好微信群引流，只需要懂得产品、擅长营销、能够打动人心就可以了。这种想法忽视了教练的重要性。与产品不同，教练过程能够满足每个人的基本需求，即提升自我价值、追求财务自由。而几乎所有相关需求感强的人，又都是潜在的优秀成员。因此，成为好教练，无形中也就扩大了引流之道。

4.4.1 教练式引流的优势

薛先生的微信个人简介是“微商培训导师牛人”，他每天用自己的公众号刊载一篇微商相关文章。这些文章既有他的原创，也有转载，通常篇幅都不长，内容包括微商业界的种种故事案例、实战方法、思维技巧、反馈互动等。

在文章发出之后，他会定时将文章转发到自己所在的几十个微信群中，并附上自己的一句话评论，例如“我觉得这篇文章很有实战指导性”“这个观点不知道你是否赞成”等。

由于每天坚持更新文章，“微商之狼”的大名在众多微信群内打响，不少微商新人在阅读文章之后也觉得受益匪浅，并主动添加他好友。薛先生会将每天的新好友拉到自己管理的培训群中，免费为他们答疑解惑、提供指导和帮助。当然，条件适合时，他也会接一些产品进行代理销售，由于手中有足够的团队成员，这些产品营销业绩都非常好。

薛先生的优势在于他已经有了多年的微商操作经验，完全有资格和能力在微信群中以教练身份指导和帮助别人。当新人们接受了他的指导，内心也会认可其领导者角色，即便事先不确定产品，建设团队也相当容易。然而，对于一般微商而言，如何利用培训来进行微信群引流呢？

齐女士做了两年燕窝微商产品，她给自己的昵称叫“燕窝齐齐”，由于近期想要扩大团队，齐女士想到用微信群教练方法来引流。在开始引流之前，她仔细研究了主客观条件。

教练优势：懂燕窝产品、懂燕窝营销。

引流对象：吸引想要购买燕窝产品的客户、想要做代理销售的客户。

引流对象痛点：单纯消费者的痛点，在于不知道如何选择好的燕窝产品，需要知道怎样服用燕窝、怎样产生最好的美容养颜效果；代理销售员的痛点，在于不知道选择什么品牌加盟、不知道怎样做微信营销，以及后续如何管理手下团队、发展成员等。

在完成这些思考之后，齐女士确定了自己的教练主题课程。针对单纯消费者，教练课程包括“如何品鉴燕窝”“怎样吃燕窝最美丽”等。针对客户，教练课程包括“这样卖燕窝才赚钱”“朋友圈燕窝营销秘籍”“怎样向朋友介绍燕窝”等。按照这些主题，齐女士仔细整理自己的相关知识，开设了多个微信群，她的准客户、客户、代理销售员，都能够进入微信群接受培训，而认识的新朋友，也会对这些课程感兴趣。

确立了“教练”的角色，齐女士感觉引流比以前轻松了许多，同时，自己和团队成员都得到了锻炼的机会。

4.4.2 教练引流法秘诀

教练引流法，既可以像薛先生那样事先不设定产品、单纯教练，也可以像齐女士那样在教练中推出产品，其成功关键在于真正带给群成员“干货”。明确了重点，就能使用下面这些技巧。

找到和产品、项目相关的教育平台进行引流。例如保健品营销论坛、面膜营销网络课堂、QQ 微商营销讨论群等。这些平台经过之前的筛选，学习者集中。通过这些平台，你能够轻松得到目标群体的联系方式，开展积极互动，将他们拉到自己的教练群中。

加入其他微商培训群中，认识好友，成为“同学”，并留言表示可以赠送相关学习资料如视频、书籍、录音等。给对方发送邮件时，别忘了加上自己微信群的二维码，一旦对方还想继续深入学习，就会很快成为你的微信群学员。

先以地域或产品为关键词，组建 QQ 群或微信群，如“×× 市微商联盟”“×× 产品营销群”等，并在群里发起关于营销技巧和产品信息的讨论。围绕讨论，为群成员开展具体指导咨询，营造教练气氛，以便开展引流，如图 4-4 所示。

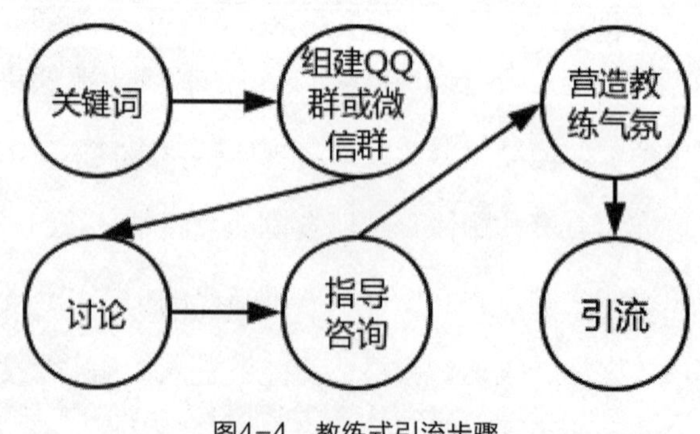

图4-4 教练式引流步骤

微信群活跃与否，代表着一个微商团队的兴盛程度。领导者扮演好教练的角色，既能提高团队能力，又能让群更加活跃，借以扩大微商品牌的号召力。

4.5 “借塘打鱼”与“自建流量池塘”

如果将微商引流看作从庞大的社会中“捕鱼”，那么，选择“借塘打鱼”还是“自建池塘”就相当重要。“借塘打鱼”能够让微商短期内借助现有资源，获得丰富的客户数量，而“自建池塘”则能够确保独占客户资源，并得到他们的长远消费。

根据自身发展程度，挑选其对应方法，建立引流计划并加以执行，可谓领导者的明智之举。

4.5.1 如何准备“鱼饵”

在“打鱼”开始之前，需要先准备好“鱼饵”。所谓“鱼饵”，即对目标客户给予有实际意义和价值的产品、资料。如化妆品微商可以准备小份试用装免费赠送，微商团队领导者可提供产品目录、营销秘籍，而具有特定行业背景或人际关系的领导者，还可以提供联系方式、通讯录等。

无论选择怎样的“鱼饵”，必须要做到投其所好，只要“鱼饵”能满足目标客户最急迫的需要，就能做到精准“打鱼”。

4.5.2 如何找到线上“鱼塘”

在准备好“鱼饵”之后，还需要找到“鱼塘”。

“借塘打鱼”，基础在于找到最好的“鱼塘”。在开始之前，微商应积极思考，通过头脑风暴，发现对产品有需求者通常集中的平台，这些平台就是可以借用的“鱼塘”。

在线上，这些“鱼塘”包括 QQ 群、微信群、直播间、百度贴吧、论坛和 App 讨论区等，如图 4-5 所示。

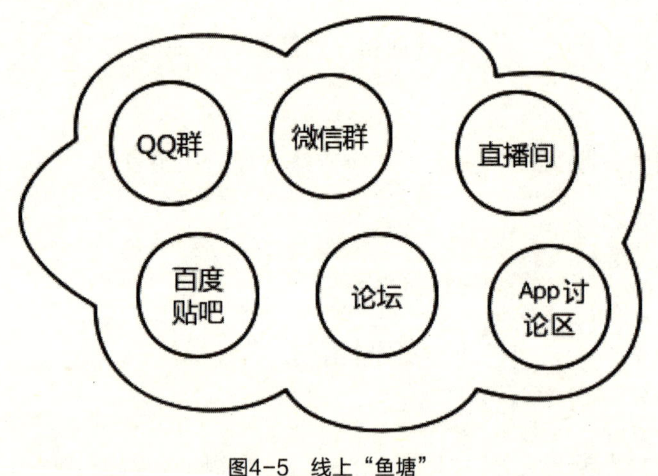

图4-5 线上“鱼塘”

例如，梅生是某市夜场有名的调酒师，他经常出现在各大夜场酒吧从业者的 QQ 群中，发表自己关于调酒技巧的观点和看法，同时也和朋友积极互动，展现自己对夜场的了解。不久之后，他成为好几个群的活跃分子，陆续有不少朋友加他为好友。通过这个渠道，他积累了一批客户，很方便就做起了酒类微商工作。

如果没有特定行业背景或技术优势，微商可以在获得群主（或论坛版主、贴吧吧主）同意之后，将自己准备的产品、资料直接上传分享，如果分享时间持续，也能不断得到流量。

4.5.3 如何找到线下“鱼塘”

除了线上，线下的“鱼塘”也同样可以借用。相比线上，用户在线下某些场景的活动更为集中化、固定化。

F 先生曾经为一家母婴微商进行用户引流，他发现，线下母婴店经常会坐等用户上门，而母婴电商又限于条件只能进行线上引流营销，于是他考虑采用“借用鱼塘”和“自建池塘”两种方法。

根据当地实际情况，F 先生发现，母婴精准用户高度集中的场景是在产前检查末期，即妇幼保健医院、市级医院孕检中心、社区卫生站防疫中心为主，这些可以看作“一级鱼塘”，而公园、小区、菜场则属于比较分散的“二级鱼塘”。确定目标后，F 先生和团队开始行动。

团队在孕检中心，和孕妇积极交流，从聊胎儿和孕妇身体状况开始拉近感情。团队成员事先设计好小卡片，写明“同城孕妇交流群”字样和二维码，介绍内容包括：群内有数十名有经验的宝妈和专业医生，能够在线交流问答，还能提供免费胎教音乐。

只要进群参与互动提问，就能免费获得对应的奖品如奶粉、尿布、奶瓶、婴儿服饰等。此外，孕妇在群内可以参与互动、转发、推荐的活动，只要介绍孕妇加入微信群，就能获得相应的奖励。

在防疫站，团队主要关注宝宝的健康、早教、智力开发情况，向前来打疫苗的宝宝提供气球、小玩具等礼物，帮助安抚婴儿。当父母关注之后，团队告知群号，提供扫码，介绍群内有宝宝讲座，还会赠送免费的宝宝照片、生日礼物等。

在以上高密度的线下“鱼塘”中，F 先生为两个母婴微商团队每周精准引流 500 人以上。由于线下“鱼塘”聚集的客户精准，人流量很大，再加上群内二次转化策略，每天能形成大约 180 人左右的二次引流，单月获得精准流量高达 2700 多人次，转化率能达到 15% ~ 28%。

线下“鱼塘”其实无处不在，重点在于发掘精准客户集中的场景，并相互整合资源。假设微商需要的用户群体是青年女性，那么实体商业中心、美容院、瑜伽店、美甲店、美发店、蛋糕店等线下“鱼塘”，都可以拿来使用，实现共享客户的效果；服务行业、外卖、快递、跑腿行业，每天拜访的客户群体，同样也是能够相互共享的“鱼塘”……

微商不仅可以从中“借用鱼塘”，还能搭建出更大平台，形成跨行业的客户共享，既满足自身营销需要，又能从中获取收益。

4.5.4 借塘与建塘

无论是线上还是线下，“借用鱼塘”与“自建鱼塘”都是紧密联系的。“借用”，是为了得到最初的客户，而“自建”，是为了将他人的客户平稳引入。

团队可以积极创建自己的社群，如同一类人群的交友、游玩、聚会、相亲社群，如同类产品的同城用户群等，这样就可以在本地论坛、贴吧、QQ 群中发布相关信息引流。还可以创建真实的线下社群和沙龙，包括试吃活动、同城聚餐、商家联盟、创业交流、女子学院、车友会等，让兴趣相同、消费习惯近似、职业背景相似的人聚集在一起，通过活动为多方互动提供平台，由此形成自有“鱼塘”。

无论“借用”还是“自建”，微商引流都要有“鱼塘”概念。鱼塘营销的前提是有着高重叠度的客户，同时还要能站在客户角度去规划。微商在“鱼塘”养成之路上，不应满足于一时得失，只有让“鱼塘”越来越大，斩获的收益才会越来越多。

4.6 个性化包装自己，做大咖，做网红

毋庸置疑，在大量信息汹涌而来的时代，如何唤起潜在用户的注意力相当重要。微商实践中，不少人面对产品、服务同质化的现实，选择另辟蹊径，从自身个性化形象包装做起，取得了相当的收益和成就。

打造个性化形象，可以选择成为“大咖”或“网红”，前者是指在某个行业有知名成就的营销高手，而后者则是指现实或网络生活中因某种特点、行为或事件而被网民关注走红的人。

4.6.1 网红与大咖能自带流量

毫无疑问，大咖满足了业界内追求荣誉的需求，而网红则满足了民众审美、娱乐、刺激、臆想等心理，无论是大咖还是网红，因为受到大量关注，拥有不少粉丝，本身就能自带流量。

× 小姐是武汉当地的著名网络主播，在直播平台上拥有一定粉丝之后，很快建立了自己的 QQ 群和微信群，并利用个性形象来引流。

× 小姐主要做下面方向的引流：

利用 QQ 群视频、微信小视频，现身体验产品，呈现产品的使用场景。例如在夏季使用防晒霜随后出门，在游泳前化上防水淡妆，在夜晚临睡前冲一杯养颜牛奶等。由于使用产品体验和生活场景高度吻合，经常能打动观众。

有时候，× 小姐还会利用 QQ 直播讲一些产品趣闻，呈现出品牌背后创始人的辛酸历程和发展故事。由于她工作经历丰富、接触社会深入，讲述形象生动，总会打动粉丝。为了让引流效果更好，× 小姐有时候还会邀请主播朋

友参与到互动体验中来，借以带动新的粉丝加入，扩大品牌传播影响力和覆盖面。

与 × 小姐不同，某微商则是如此引流的：他最初是微博上的热门公知，并有多部网络小说出版，深受中青年男性追捧，有十余万微博粉丝。开启微商之路后，考虑到自己同时还是“吃货”，他决定挑选和自身气质相符的产品，如进口红酒、腊肉、香肠、大米、螃蟹等，并组建团队营销。这些产品经常结合其生活日常或文字作品，在微信公众号和微博上推出，短期内就能抓住大量粉丝的眼球，完成转化、变现。

从上述案例中能看到，网红或大咖的个性形象，本身就是强大的流量孵化器，可以积淀足够的信任，实现销量突破。

4.6.2 如何个性化包装自己

如果微商创业者本人外形出色、时尚靓丽，或者有独特的事业、生活圈（如演员、歌手、经纪人、模特、主持人等），不妨在平时就利用工作和社交机会来积累粉丝，多与粉丝建立紧密的人际联系。拥有一定的基础数量之后，可以建立专门的粉丝群进行互动，在小范围内成为网红，从而对随后的产品营销形成有力支持。

如果微商创业者并不具备上述条件，可以利用已储备的内容，包括知识、经验、技能，成为某个特定垂直领域的大咖，如图 4-6 所示。

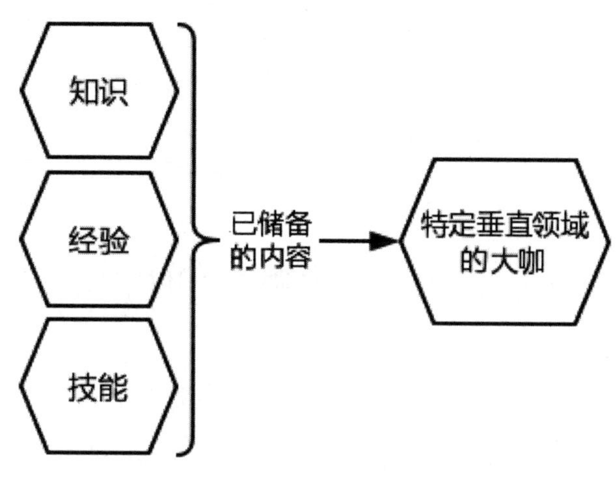

图4-6　如何成为特定垂直领域的大咖

例如，小舟学历不高，但曾在日本做了三年劳务，对日本零售行业相当熟悉，于是她经常在相关旅游、留学论坛发言，并积极下载相关导购 App，在社区留言互动。为了引起关注，她还会经常上传自己到日本旅游的照片、生活见闻等。由此，小舟有了最初的粉丝群，逐渐成为颇具影响力的海淘微商。

已有具体经营项目的微商，则应该在日常经营之余，多从事能够包装自己个性形象的公关宣传，尤其注重那些与自身产品密切相关的活动。

林女士和她的团队做代糖食品，主要面向糖尿病患者营销，为此，她们经常邀请国内知名糖尿病治疗专家进行公益讲座和咨询。

无论是线上还是线下，林女士也和专家们频繁互动，例如微博互粉转发、QQ 群邀请加入和微信朋友圈截图互动等，借以树立专业形象。事实上，林女士也的确在活动中学习了丰富知识和经验，足以成为普通患者眼中的大咖。

与此类似，做母婴产品的微商，可以多做探视孤儿院、公益捐款等活动；主营海淘产品的微商，可以多研究海外留学、旅游等领域；做女性服装的微商，不妨业余学习和普及女性健康知识；做酒类等男性产品的微商，可以从养生健体角度切入树立形象……

即便没有成为网红的外在形象资本，也不妨从手中已有资源出发加以包装，这样既能提高内在能力和增加经验，也会因为更亲和的形象而产生引流效果。

4.6.3 网红与大咖引流的原则

在网红和大咖引流时，还应该注意下面的重要原则。

第一，不要让团队和负面形象的网红、大咖产生联系，甚至不应有类似点。负面网红、大咖虽然有很高关注度，但其形象有可能给微商事业发展造成损害。要及早建立“黑名单”，对争议较大的网红、大咖，应尽量避免接触（如微博关注、微信朋友圈互动等），降低形象损失的风险。

第二，在树立网红、大咖形象的过程中，对于相关支持方的利益分配、合作模式等，应提前做好计划，确保及时沟通，从而保证在整体合作过程中不出现差错，能够形成长期有效的合作模式。

第三，对具有丰富资源或能力的团队成员，可选择进行多方面包装。如既是外形出色的美女，同时又是名校毕业的“学霸”；既是引领企业、魅力过人的中年男士，还是最新商品的体验者和推广者；既是时尚健康、富有爱心的辣妈，也是带来海淘信息的购买达人等。通过跨界的形象，在多平台、多模式中进行推广，以此带动微商店铺或团队的发展和提升。

总之，利用个性化包装，以大咖和网红的身份，给微商团队贴上新的标签，将会带来新的关注与购买量。

4.7 全渠道引流，多平台沉淀

伴随整个电商领域竞争的激烈化，想要有丰富的流量，微商就不能片面依赖单一渠道。单纯凭借微信、微博或 QQ 就能吸引到足够客户的时代已经结束，未来的微商只有多平台沉淀、全渠道引流，方能开拓出属于自己的一片天空。

对全渠道引流，微商需要牢记一句话："有人的地方，就是引流的战场。"仅在线上，就有下面这些引流渠道。

4.7.1 百度系引流秘诀

首先是百度系引流，主要包括百度知道、贴吧、百科、文库等。微商可以通过在百度平台上向客户提供有价值的信息内容，并留下自己的联系方式。

例如，×× 运动器械微商，在百度知道上提出运动项目的相关问题，并利用小号在问题下做出回答。主流客户在想要了解相关知识时，通常都会通过百度搜索到相关问题，这样，该微商的回答就能成为引流端口。

需要注意的是，百度知道不允许直接留下联系方式，微商可以在问题和回答中留下有力的关键词，引导客户与你联系。例如，"还有更多的减肥瘦身方法，可以直接百度私信我""想知道更好的留学信息，请私信我"等。由于联系是在百度平台上完成的，不会受到干涉，在后台则可以进一步将客户拉入微信群或 QQ 群中。

此外，也有人将百度知道、百度网盘相结合进行引流。一家旅行产品微商就擅长回答那些和旅游有关的问题，他们总是在回答中直接插入网盘附件，或者直接粘贴百度网盘链接，其中包含旅游指导电子书等。当客户看到回答之后，会很快点击进入网盘下载免费资料，随后通过资料中的联系方式进入“鱼塘”。

采用软文方式在百度贴吧引流，也有不错的实战成绩。为了规避吧主越来越严格的管理，可以结合个人经历内容来编写软文，软文中的广告要减少到最低，品牌名称不能出现两处以上。即便出现，也不能重点强调，而是要作为故事的细节点到即止。

软文写作风格应真实可信，语言通俗易懂，然后分段发布，这类帖子通常都会引起吧友追捧，微商可以在软文最后加上“如果对类似故事感兴趣，可以加我的微信 ×××”。

在选择贴吧引流时，要有一定的侧重点。如果想要比较直接的效果，最好选择关键词稍微冷门的贴吧。例如同样是有机蔬菜水果类产品，有人选择“减肥”贴吧进行软文引流，很快就被吧主删除；而有人选择“有机农产品”贴吧，则很少出现类似问题。

此外，利用贴吧引流要重视标题的作用。发帖之前，要将 90% 的时间和精力花费在标题设置上。好的贴吧引流标题能够激发网友的好奇心，能够让所有看到标题的人都无法抗拒并立刻点击。

同样是一款智能扫地机器人产品的软文，有微商用**《我家来了个家务帮手》**作为标题，也有微商用**《趁我不在家，我老婆居然在家用这个……》**作为标题，后者取得的点击量和流量是前者的数十倍。

4.7.2 腾讯系引流秘诀

在搜索市场上，百度系是最主要的引流渠道，而在社交市场上，腾讯系则堪称霸主。利用 QQ 群、QQ 群文件、QQ 空间、腾讯邮箱引流，都能得到很好的效果。其中，QQ 空间中可利用的渠道最为丰富，包括相册、日志、留言板、说说等。利用 QQ 空间引流，应该重点从以下几个方面努力。

首先要设置好**基础内容**。包括 QQ 名称、头像、性别、地址等。名称应尽量不含直接的产品或服务项目，否则容易令客户反感。利用头像和性别设置，将微商包装成为年轻美女形象，能够拓宽客户的想象空间，提升微商吸引力。

其次要**重点维护日志、说说和相册的内容**。可以将产品使用体验过程放在相册中，或者转发软文到日志上，同时频繁更新简明易懂的说说，始终确保新的好友能在空间内看到这些内容。

一款男性保健食品的团队 QQ 空间，日志和相册每天都会更新在不同城市的旅游风光、高端商务会议、豪车别墅、泡吧等体验，说说则会常常提起食品的效果、名称等。看似无意，却能够不断强化客户的印象。

最重要的是，该团队只需要在日志最底部打开互动，就能发现很多人的浏览信息，而浏览文章的，绝大多数都是有相关需求的客户，团队随之直接点击进入他们的空间，在主页添加他们为好友，再导入微信，前期引流就能大功告成。

4.7.3 其他平台引流秘诀

除了抓住百度和腾讯两大渠道，微商在引流时也不应只是专注于微信，要学会将视野放宽，多平台沉淀，实现全网引流。

其中可以重点利用的平台包括论坛（天涯等）、电商（淘宝等）、社交网站（豆瓣等）、App（闲鱼等）、微博（新浪微博等）、新闻（今日头条等），这些平台大都本身有各自的客户筛选机制，微商可以结合自己产品的目标客户特点，选择不同平台搭配使用。

在平台沉淀流量时，需要注意“放长线钓大鱼”的原则。取名上，要尽量选择形象、易记、新奇、搞笑而具有特点的昵称，能够让人看一眼就记住。

在互动过程中，避免在交流时直接生硬地发送广告信息，而是多提供帮助和建议性的评论，以“交朋友”为主要直接目的，从而提高关注度，逐渐积累并沉淀流量。

此外，无论在哪个平台，都有和产品相关的热门话题制造者和参与者，微商可以找到其中的重点人物，拉近关系，得到他们的理解和支持，并以其为突破口获得大量的二次流量。

全渠道与多平台，并非要求微商忽视重点，而是在更广泛的领域进行探索和尝试，一旦有引流精准的途径，就应努力深入开发，获取明确的引流目标。

第 5 章 打造信任感，诚信微商很重要

5.1 要让别人相信，先让自己可信

5.2 让客户觉得你的产品好到极致

5.3 耐心沟通，悉心售后，和客户做朋友

5.4 全方位展现优势，打造权威感

5.5 善于造势，热卖感营造信任氛围

5.1 要让别人相信，先让自己可信

依托于移动互联网，微商能够做到打破时空障碍，让素未谋面的朋友转化成为客户。这种商业模式显然可以带给营销者更大的自由、更多的利润空间。

但与此同时，微商模式也面临着了解度低下、难以让陌生朋友相信的困难。想要逾越信任障碍，微商应该先让自己可信。

5.1.1 信任迁移法

小宗在大学毕业后回到家乡，帮助父母料理茶园。不久之后，她想到通过微商来销售茶叶。为了获得能够信任自己的客户群体，小宗在朋友圈发送了一条信息：

> “凡能将本人微信号向5个以上好友推荐，可以免费获赠我家新采春茶100克试用装。”

同时，她还将这条信息转发到各个同学群、闺蜜群、朋友群中。由此，小宗很快得到了一批新好友，由于是熟人介绍，新好友很快将信任转移而来，并形成团队，支持她的微商事业顺利起步。

除了这种方法，也可以请关系较好的朋友直接推荐客户。方法是先编辑好自己的个人介绍，最好写得形象生动而有趣味，再加上具有个性或格调不俗的图片。然后请朋友们直接发到微信朋友圈中。随后，朋友的人际圈会受到影响，并带着信任前来。

不过，当微商发展到一定规模时，再采用这种“信任迁移”的方法会显得效率低下。微商必须采用有针对性的方法，提高陌生客户的信任感。

5.1.2 沟通中不可急功近利

微商要在沟通中展现自己的可信度，但是也要把握节奏，不可急功近利。不少微商和客户沟通的进展节奏过快，一开始就进行直白的煽动。

例如有的微商开始就对陌生客户说：“你放心，我们团队只提供最好的正品”“我们的产品卖得是全网最好的，已经上电视了”，或者对发展对象直接鼓吹：“想做代理销售员吗？只要相信我们，一定会带你赚到钱”“如果你太懒，想要成功是不可能的，一定要有执行力”“我们团队里已经有人一个月就买宝马了”等。

殊不知，这些话题的出发点都是从微商自身情况出发的，客户会理所当然地认为，微商所说的一切都是为了商业营销利益，并因此会远离微商。

微商和陌生好友聊天的初期，不适宜马上进行产品介绍、销售引导，这样沟通无法迅速成交，反而会因为过于急功近利而失去信任感。

想要让自己可信，应该在对话初期就扮演正常的沟通角色，让双方成为普通好友。例如，在第一次沟通时，可以多向客户提出开放式问题，如：你平时在哪里玩？开什么车？有什么业余活动？家里人还好吗？你喜欢吃什么东西……由于这些问题答案是不确定的，客户完全可以按照自己的感受来聊天，能够迅速放松情绪并产生信任。

微商也可以将和产品相关的问题隐藏在其中，作为认识客户的途径。例如，某老年保健产品微商，就在很多类似问题中预先设置了“家里老人怎么样”“平时老人关注身体健康吗”“老人是不是喜欢购买保健产品”等问题，将这些问题混杂在普通社交聊天中，不仅能够了解客户背景和需求，避免尴尬的情况发生，在增进信任同时，还能够延伸更多的话题。

5.1.3 沟通的黄金步骤

在发展团队成员时，沟通的程序和步骤也会影响到微商的可信度。不妨来看某成熟微商团队是如何获取他人信任的。

第一次沟通聊天时，该团队成员不聊产品，而是让话题围绕微商发展趋势展开。

例如，得知对方也从事微商之后，就会用请教的方式开始聊天，如“现在微商不好做啊，你用什么方法去加精准粉丝”“你一般到哪里听课，有个问题能够请教一下吗”等，这样的问题是在请教对方，让代理乐于回答，多少也会愿意透露目前的生意情况。

第二次沟通时，团队成员会无意间改变称呼，对男性客户叫“××哥”，如果比自己年轻就叫“××帅哥”，如果是女性则观察头像和年龄，比自己大就称呼姐姐，比自己小就称“××美女”。

随后，他们会感谢对方前一次的分享，如“很感谢你昨天的提醒，我后来想通了一些问题”。除此之外，第二次沟通主要集中在一些和生活、工作相关的事情上，并不主动聊产品和行业内容，这样更有助于建立情感基础。

第三次沟通时，团队成员会开始回忆聊过的话题，并进行具体问题的探讨。例如：“哥，这段时间培养几个成员啦？能不能教我一下？”或者“哥，上次听说你打算换车，有没有考虑过新车贴膜的事情”等。图 5-1 所示即为沟通的黄金步骤。

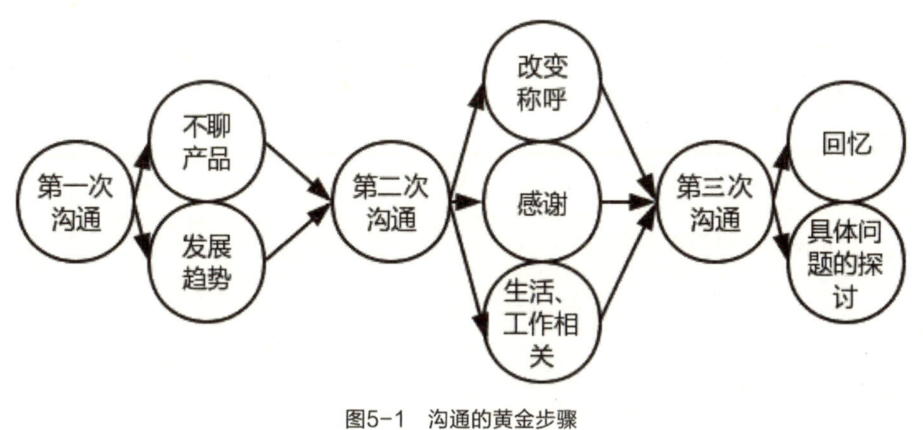

图5-1 沟通的黄金步骤

这样的探讨能与他们找到共同的聊天话题，并从侧面传播本方团队可提供的价值。不过，在话题聊到差不多时，团队成员就会说“有人找我”或者“有客户需要我发货”等，让对方觉得他们确实很忙碌，并引起注意。

在随后的沟通中，该团队成员会继续进行之前的话题，例如说“今天又卖了几套产品，客户付款很快”，或者“昨天又招了几个成员，感谢从你的分享中得到方法”。这样就能展现出该团队产品的实力，并用这种无形的宣传方式，让客户对产品建立更强信心。

随后，该团队成员会适当建议，如“我们有产品试用装，你要不要拿一份试试”或者“我们有内部培训课，要不哥你进来听听”。伴随这些内容，该团队还会从侧面爆料，例如产品营销历史、业绩，发展了多少客户，以及如何购买最优惠、如何能够进入团队合作等，从而让客户顺利接受。

总体来看，由于推进节奏稳妥、步骤安排合理，该团队在真正开始营销之前，总是能让自己可信。这样的成功经验表明：让自己可信，是微商对“内功”的强化，树立有别于竞争者的产品与品牌形象，才能从客户内心改变其对产品的认知。

5.2 让客户觉得你的产品好到极致

无论采取怎样的营销模式，客户最终拿到手的还是产品。营销将产品带到客户面前，而产品体验才决定客户对微商的真正印象。换言之，只有当客户觉得你的产品好到极致，有着其他产品无法取代的附加价值时，他们才会一而再，再而三地购买，最终成为微商的忠实客户。

5.2.1 附加值法

林姐销售的商品是一款功能型卫生巾。当客户张女士咨询产品时，林姐一边回复，一边在她的朋友圈找有帮助的素材和话题。很快，她发现张女士朋友圈晒女儿的频率很高，于是在接下来的沟通过程中，林姐就找到了关于养娃的共同话题。在这样的气氛下，销售很快完成。

发货环节是林姐最用心的地方，这一次除了卫生巾，她还专门在包裹里放了几个精美的小发卡，这是因为她注意到客户女儿的头发有点长，便建议客户给孩子扎个小马尾辫。另外，她还按照习惯给对方送上一支仿真玫瑰花，这是因为女性对花都有天然的喜爱；在包裹内，还有一张专门的便笺，上面写有感谢和祝福的话语，让客户收到之后感到暖意融融，也体会到微商对客户的重视。

果然，张女士收到产品之后心情非常好。虽然她拿到手发现自己报错了卫生巾尺码，毫无怨言，反而很高兴地将产品送给闺蜜，又爽快地从林姐这里买了一套。

林姐的经验是：产品的功能、质量是价值基础，但客户不会就此获得极致体验；只有将产品和自己的心意融合在一起，才能通过产品去给客户极致体验。绝大多数客户会因此感动，并在未来给出直接回报。因此，她才会在产品还没寄出时，就为客户挑选礼物、赠送玫瑰，而客户拿到手尚未使用产品，就已经有了最好的体验，并产生信任感。

其实，礼物和玫瑰本身并不需要投入多少成本，但这份附加在产品之外的“心意”，可以看作产品最好的附加价值。用这种价值去打动客户，客户才会由衷地体会到需求被满足——不仅是物质上的需求，还有精神上的需求。

除了用附加价值来提升产品体验之外，微商团队还可以采用其他多种方法来塑造最佳体验，得到客户信任。

5.2.2 描述法

在客户还没有拿到产品时，先向对方进行精准、形象的描述，最好能够用文字交流带给客户视觉、听觉或触觉上的直观感受。例如，一家销售辣酱的微商，在事先沟通时就用一段文字给客户详细描述了辣酱品质，其中包括初次入口的感觉、拌饭的味道、做凉菜带来的口味、和不同面条搭配的滋味等。这样，客户还没有拿到产品，就已经在想象其滋味了。

5.2.3 比喻法

单纯使用术语向客户介绍产品，客户所能感受到的价值最多也只有产品的基础功能。采用比喻方法，能够形象直观地渲染出产品使用的效果，令客户心生期待。例如，“用了这款精油睡眠枕，散发的芳香会让你感觉睡在夏日花园中”“我们销售的葡萄酒非常地道，能让你闻到来自地中海的海风味”等。这样的比喻，会激发客户的联想，当他们使用产品时，也会不由自主地沉浸在营造的气氛中，进而对产品的价值产生信任感。

5.2.4 故事法

利用故事法塑造产品价值的精髓，在于突出“过去”和“现在”的对比，而产生这种对比的因素，必须是产品。

例如，某微商团队讲述成员的故事，从普通的打工妹，到住豪宅开豪车的精英人士；讲述客户故事，使用者从之前的亚健康状态，到获得新生般的身体状况……

类似故事结合产品实际的功能体验，会让客户感到可信度提升。

5.2.5 对比法

这一方法尤其适合消费理性、价格敏感度高的客户。在营销沟通过程中，微商可以从产品价格、使用效果、服务好坏等多种角度进行对比，如“在实体店，同类产品价格是 ×× 元”“其他渠道的类似产品虽然价格便宜，但使用效果难以持久”等。通过对比不但能加快客户决定购买的速度，还能让他们在打开产品包装之前就确认产品的价值。

总之，除了保证产品本身质量过关、塑造延伸价值之外，团队应在营销过程中让客户产生期待和遐想，让对方有满足的收获感。这样，客户对微商的信任感才会随之增强。未来，微商将成为市场营销模式的主流，及早布局，把产品体验做到最好，品牌也将更加成熟与优秀。

5.3 耐心沟通，悉心售后，和客户做朋友

微商之所以“微”，在于商业营销的承载平台是个人之间的互动关系。客户对微商的信任，来自产品质量的保证，更应该来自于人和人的真情实感。只有在产品销售前后，做到耐心沟通、悉心服务，和客户成为朋友，这种信任感才会由小到大、由弱到强，最终形成牢不可破的强关系。

5.3.1 如何发现客户需要什么

沟通之初，微商就要迅速了解客户需要什么，然后提供他们想要的信息，迅速抓住客户的“心”，**让对方产生被理解、被尊重的信任感**。这需要对客户的资料如朋友圈、微博、QQ 发言、论坛回复等做整体、细致观察，并在三言两语的问答中及时找到关键所在。

例如，某位询问化妆品情况的客户，二十多岁，通过观察可以发现她在朋友圈中抱怨“一吃火锅，脸上的痘痘就出来了，真烦”，那么基本可以判断她的需求是祛痘。在随后的沟通过程中，就要突出重点，而不是漫无边际或走错方向。当然，越是细致、耐心观察，越是善于总结积累经验，就越是能在第一时间抓住关键需求。

其次，**不要被客户购买前后担忧、误解乃至抱怨情绪所引导，产生厌烦、急躁的情绪**。不论是实体消费，还是微商购物，任何客户在了解产品过程中，都会存在一定担心。面对客户的担心，微商错误的做法是单纯满口大话、随便许诺、夸大产品功效、盲目进行比较，这些做法最终并没有顾及客户的实际需要和情感体验，很可能会被看作“骗子”。

想要真正解决客户担忧的问题，可以营造朋友交流的氛围，结合聊天进度，逐一列出相关材料，包括产品的合格证书、检验报告、用户的反馈效果，与同类产品在原材料、制作工艺和实际效果上的不同等。消除客户担心的做法如图 5-2 所示。需要注意的是，相关材料应在沟通之前全部准备好，并主动向客户出示，将客户的担心消灭在未说出时。

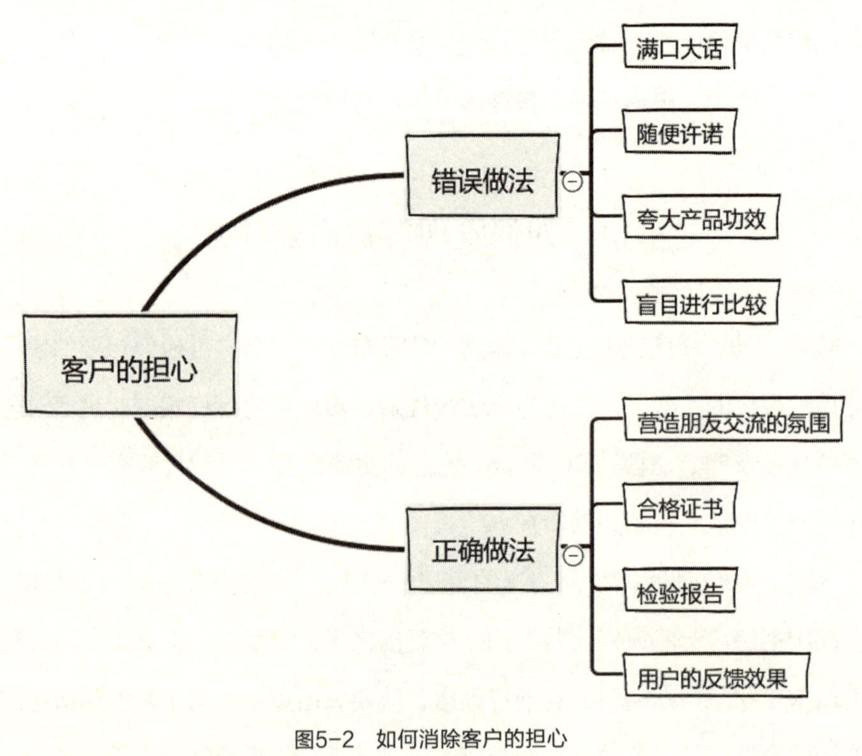

图5-2　如何消除客户的担心

秦女士无论到哪里，随身都会带着平板电脑，里面存储着所有和产品质量有关的资料。一次，她应邀到朋友公司的团队做分享，其间认识了朋友的助理。在沟通的过程中，助理很认可秦女士提出的看法，也补充了自己的见解，秦女士毫不掩饰地赞扬了助理，说“大家想到一块去了”，瞬间拉近了关系。

沟通快结束时，助理主动询问秦女士的产品，并互加了微信。秦女士也不失时机地展示了早有准备的产品资料。几天后，助理就从秦女士那里购买了两套化妆品，并开始介绍朋友过来购买。

如果不是懂得耐心沟通、成为朋友，并准备好了资料，秦女士或许根本无法发现这样的潜在用户，也就会错失建立信任的机会和订单。

5.3.2 如何做全面而持续的售后服务

获取信任、成为朋友的道路是漫长的，除了营销之前需要不断努力，售后服务也应重点跟上。根据营销学中的200法则，每个已成交客户背后，都有着200个潜在的客户，利用无微不至的售后服务，维护好一个老客户关系，就会吸引着200个潜在用户的到来。因此，售后服务必须要持续而全面。

然而，在现有法律规范和市场环境中，微商的售后服务质量并没有具体规范的约束，再加上工作节奏紧张、目标具体，不少微商往往会忽略售后服务。

东西卖出后，他们就不再去和客户像朋友那样沟通，也不去为客户解决任何问题。身为商家的微商更多的只是按照政策发货过去，很少积极关心、具体沟通。结果，客户感受不到任何情感价值，会就此放弃了继续购买。

为了避免这样的情况，微商售后服务必须从客户拿到产品的那一刻就开始。

首先，**在售后服务中，要积极做好预防，强调使用注意事项，提高客户满意度。**以保健产品为例，当客户拿到产品之后，微商要积极告诉对方使用过程中如何采用正确方法、会出现什么样的生理反应、应该如何避免负面作用等。

如果不提前说清楚，客户一旦遇到问题，就会产生不满，即便再行解释，也会被看作借口，从而导致满意度下降。

其次，**利用售后服务，增加重复购买。**尤其在快速消费品领域，微商应该积极和老客户进行沟通，时常跟进他们的使用过程，询问他们是否满意、产品数量剩余多少、有没有再购买的意愿等。当客户习惯了微商关心之后，一旦产品用完，就会习惯性地再次购买。

再次，**售后服务还能够增加转介绍率。**在售后沟通中，微商可以使用说话技巧："是不是觉得我们的产品不错？如果有朋友想要试用，欢迎帮我们介绍哦！"由于有之前的情感交流作为铺垫，老客户会顺理成章地以朋友身份进行转介绍，从而带来新流量。另外，类似的说话技巧还能进一步促成销售队伍的壮大。实践证明，微商团队中最得力的成员，大多是从接受了良好售后服务的客户中转化而来的。

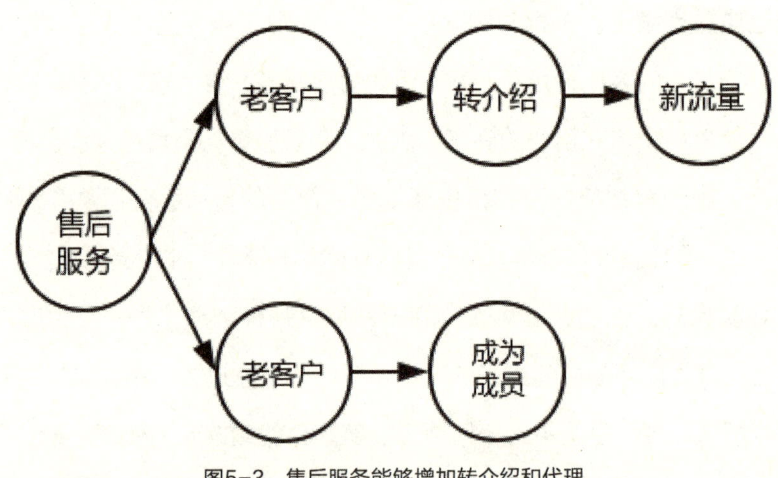

图5-3 售后服务能够增加转介绍和代理

最后，**悉心的售后服务还能提高品牌影响力。**售后沟通让客户产生良好体验，促使他们对产品形成正面印象，这样就能提高他们对产品质量的评价，并积少成多形成对品牌的积极看法；反之，如果售后沟通跟不上，客户很可能因为市场竞争局面中的一些风吹草动，受到负面影响，并传播负面口碑，造成品牌影响力下降。

耐心沟通、悉心售后，与客户做朋友，是微商发展蜕变的关键步骤。一旦打造出"朋友般"的客户关系，微商会发现营销将变得越来越简单。

5.4 全方位展现优势，打造权威感

传统营销中，商家的优势大多得益于门店和广告进行终端展示。而在微商营销模式中，展现优势的途径进一步拓宽，无论是和客户的具体沟通，还是利用产品实体的体验，抑或是通过碎片化传播用细节打动客户，都是为了打造微商的权威感，令客户真心信服。

实际上，**微商是否能体现出权威性，并不体现于某一处细节，而在于整体形象优势的塑造**。为此，微商创业者在打造个人品牌时，就要注意突出专业性。

那么，如何全面改造微商形象，让微商从专业人员起步，成为专家，再进一步成为客户眼中的权威呢？

5.4.1 极具吸引力的文案

首先，要有良好的文字功底。微商创业者应该从撰写只言片语的感想开始，逐步提升文字能力，到撰写与产品和服务相关的高价值文案。**文案本身应该有难以替代的知识价值，微商可以参考相关专业论文、文集或教材，从中选择易于对客户进行普及的内容，以平白简单的文字加以表达。**

此外，文案还应具备强大的传播性，例如标题应短小精悍而易于引起猜测和联想，标题内容要有鼓励分享转发的特点。如《告诉亲友，这些食物危害健康》《想和闺蜜美美一夏》《有了孩子，家具这样来选》等，既能体现专业权威感，又能让客户在阅读之后产生转发分享的欲望。

5.4.2 专业形象

频繁以专业形象露脸是重要的方法。不少微商正频繁使用直播平台，向客户传递职业权威的信号。

例如做海淘的微商，经常上传或直播自己如何在海外挑选、购买产品；做农产品的微商，在养殖场安装摄像头，引导客户观察家养土鸡的生活成长过程；微商领导者，则可以上传自己讲课的视频等。

由于视频直观易懂，其传播力、可信度均远超文字，再加上便于客户接受和分享，因此，微商在视频中哪怕只传递某一个信号，其产生的权威效应也比文字大三倍到五倍。

5.4.3 专属的知识体系

无论是在朋友圈分享，还是在培训成员的过程中，微商创业者都应该注意建立专属的知识体系。这些知识体系可以围绕某个概念，如“健康饮食”“科学减肥”“合理育儿”等，也可以就某个产品领域进行讨论，如“电子烟选购”“骑行装备”“平板电脑”等，形成知识体系。

当微商形成专属的知识体系，并进行广泛传播后，就能改变好友对自身的看法，催生他们的推崇感，如图 5-4 所示。

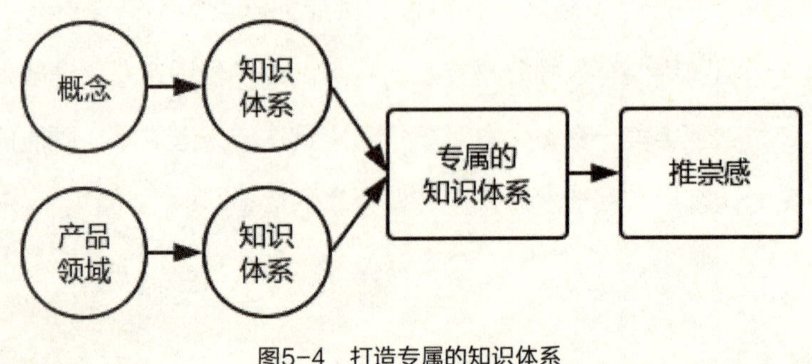

图5-4 打造专属的知识体系

在建构知识体系时，微商最需要重视的是下定义和做模型。不妨将客户司空见惯实则不太了解的概念，用一句话说清楚，提出准确定义。例如，某微商对“老龄化”先做出定义，再根据定义中强调的身心特点，向客户普及老年人所需要的产品特点等。

当微商有了自己设定概念的能力，客户就很容易被带入相应的情境中，自然感受到其权威性。如果能够将几个相关的概念相互联系，再采用图表、思维导图或者流程图分析清楚，如“不同平台微商吸粉流程图”等，就能更进一步完善团队独有的理论体系，让粉丝衷心佩服、深入学习。

另外，全方位体现专业优势还需要一些小技巧。例如，利用微信朋友圈中地理位置功能，在分享内容下标注出“×× 学院”“×× 研究院”等，看似无意的举动，如果时常出现，就会让客户在潜意识中认可团队的权威性。

还可以将最重要的荣誉证书、资格认定或职业装照片等，设置为微信朋友圈的相册背景，当客户添加时，很有可能习惯性地打开朋友圈浏览，而第一眼看到的就是相册背景，自然产生“正式”效果。

在信息接收渠道多元化的社会中，拥有权威性，无疑代表着更多话语权。微商必须改变角色，走进客户内心，以权威感发挥深层影响，进而彻底改变他们的认识。

5.5 善于造势，热卖感营造信任氛围

现代心理学实验研究证明，适当的内外环境，能够迅速产生暗示效应，消除陌生和畏惧感，提高个人对某一事物的信任度。

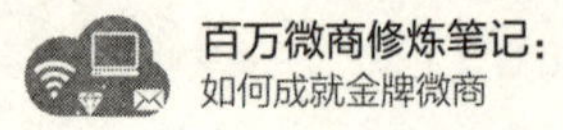

同样，善于造势的微商，可以抓住各种机会，在短时间内营造出产品热卖感，以此形成备受欢迎的氛围，让犹豫不定的客户果断下单购买。

5.5.1 客户口碑

同样一款产品，图片下评论区空空荡荡，只能令潜在用户因感觉索然无味而迅速转移视线，而如果评论区里充满各种回复文字，就能在短时间内令客户兴奋起来，并试图深入了解。

因此，想要造势，就不能只限于以微商身份去介绍产品，即便使用再精美的文字描述，也会显得势单力薄；相反，应该寻找合适的客户力量，从客户的角度去评论产品，产生信息轰炸效果。此外，即便产品已经热卖，也要让好评在客户的口中不断强化传播，这样形成的口碑更有说服力，如图 5-5 所示。

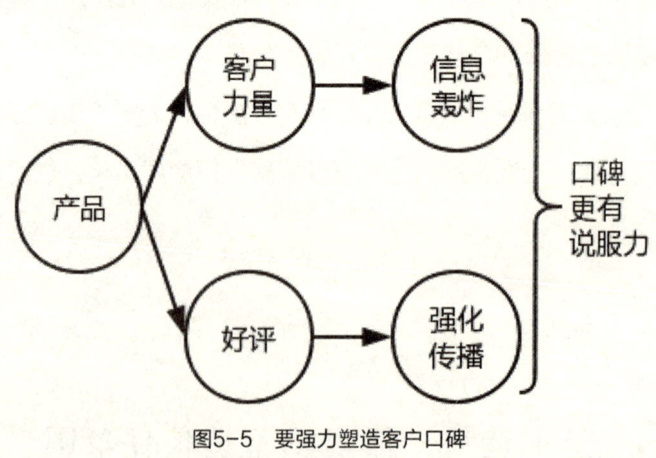

图5-5 要强力塑造客户口碑

例如某微商创业者 K 总，团队中有上百名成员。经过挑选，K 总决定开发一款新的空气净化器，并面向市场推广。为了让产品有足够的势头，K 总将产品截图、购货清单、收款截图、成员与客户的互动沟通等资料汇总，然后全部发到朋友圈，引发很多人咨询。

新产品很快被炒热，其他原本并不关注产品的代理销售员也纷纷主动联系要求拿货。这款空气净化器的销量在短期内就冲上了高峰。

采用这种造势方法，一定要把握以下几个关键因素。

首先，产品功能和质量本身应具有竞争力，不会被同类产品轻易取代。

其次，必须寻找到在客户群体中有足够影响力的人，如老客户、知名人物等。

最后，评论者的发言要安排好时间，不要造成短时间内评论集中，随后则迅速冷清的现象，确保“细水长流”。

5.5.2 明星效应

在线上造势过程中，图片或视频的价值尤为重要。不少微商的造势虽然很努力，但由于欠缺足够分量的图片或视频素材，总是感觉无从发力。

实际上，微商应该找到最能展示团队或产品价值的图片加以展示，例如，向某个明星推荐产品，或者与某著名公司谈合作，又如在某个会议上和微商大咖合影，甚至是发给团队成员的福利、奖金等。这些图片或视频与普通的微商宣传信息不同，能够从网络上脱颖而出，更能引起普通朋友或客户的关注，产生“羊群效应”。

除了线上造势之外，线下造势也往往能产生奇效。一些较大的微商团队在推广新品时，经常会召开微商大会、组织团队年会等活动。活动地点则选择在著名歌舞剧院、体育场馆、大礼堂等较正式的场所，规模通常达到千人以上，如果资金允许，还会花重金邀请一二线明星站台。

这样的造势方法，才能将整个市场的气氛带动起来，并邀请经销商前来订货。

当然，如果资金准备充足，微商还可以考虑签约明星代言人，并在央视、地方卫视或者知名网站、地方媒体的平台上，不间断地为新产品进行广告宣传。传统媒体的历史影响力，能够产生的势头也不可小觑。

需要提醒的是，造势并不代表“暴力刷屏”。一些微商初学者错误地将“势”看作单纯的数量优势，简单粗暴地采用不间断发布信息的方式来营销，这样做，前期可能会赚钱，但很容易引起反感，造成朋友圈的好友越来越少，无论是产品还是个人品牌，“势”都会越来越减弱。

“势”是决定市场走向的重要力量，懂得为自己造势，微商就能始终站在吸引目光的风头上。

第 6 章

生意好不好，关键看成交

6.1　如何设计自己的成交说话技巧
6.2　快速成交的 5 个大招
6.3　成交促单的 6 个技巧
6.4　成交中新客户与老客户的管理
6.5　营造客户参与感，形成客户链

6.1 如何设计自己的成交说话技巧

在绝大多数微商营销模式中，客户不可能一开始就接触到产品实物，而是通过文字、图片和对话来建立初步印象。这一现状决定，微商只有不断强化说话技巧，才能拥有良好的吸引力和感染力，提高营销成功的可能性。

任何有价值的成交话术，都需要围绕客户的购买心态，消除客户顾虑。因此，微商不妨从营销实践出发，去积累说话技巧。

微商接触陌生客户时，往往会感受到他们的内心矛盾：既希望产品解决问题，又害怕被骗。例如产品质量问题、付款安全问题等。如果不去考虑类似矛盾，就会出现下面的情形。

客户：这个产品卖多少钱?

微商：××元。

客户：哦!

（谈话结束，后续无话）

类似情况，甚至根本没有开始真正谈话，微商团队又怎么可能开展营销呢？可见，要正确运用说话技巧，必须首先对客户有真正的理解，能够判断他们的顾虑所在。不妨看一段成功的对话。

客户：你们这款黑糖产品多少钱？阿胶呢？

微商：你好，你想要解决什么样的问题？

客户：我想解决痛经的问题。

微商：嗯，请问你痛经的情况有多久了？是不是每个月都会这样？

在得到回答之后，微商继续询问：冬天是不是容易手脚冰凉？痛的时候感觉如何？是间歇性的还是持续性的？随后，根据前面的回答，进行补充：请问你年龄多大？有没有结婚？有没有生孩子……

在问完上述问题之后，该微商肯定地告诉对方：你的问题，是我们的产品可以解决的。因为这些问题都是因为宫寒引起的，宫寒会导致手脚冰凉、气血不足，想要解决，可以用我们的阿胶产品、黑糖产品进行补血，做到提升阳气。它们的价格分别是 ×× 元和 ××× 元。

客户：挺好的，我买两套试试吧。

通过铺垫沟通，微商站在比较中立客观的角度，预先解决了客户的担忧，满足了客户的需求，当客户最后知道价格时，并没有感到难以接受，相反，她感觉微商的确在关心自己，是在提供一个良好的解决方案，而不是为卖产品而宣传推广。

这样的成交说话技巧简称为“摸底”，其步骤可以用 NEADS 法则来表示，如图 6-1 所示。

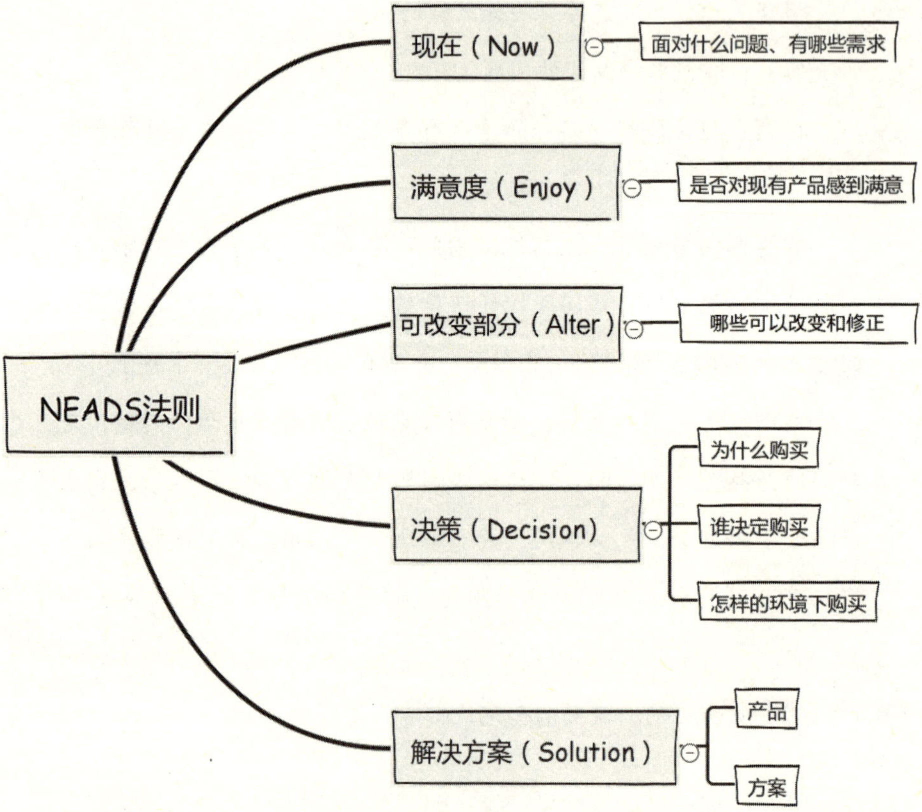

- NEADS法则
  - 现在（Now）
    - 面对什么问题、有哪些需求
  - 满意度（Enjoy）
    - 是否对现有产品感到满意
  - 可改变部分（Alter）
    - 哪些可以改变和修正
  - 决策（Decision）
    - 为什么购买
    - 谁决定购买
    - 怎样的环境下购买
  - 解决方案（Solution）
    - 产品
    - 方案

图6-1　以NEADS法则对客户“摸底”

其中，N 代表 Now，即现在，包括目前面对什么问题、有哪些需求。

Enjoy 即满意度，是否对现有产品感到满意；或者是 Alter，是改变，修正之意，这里指面对客户的不满意，哪些可以改变和修正。

Decision 即决策，为什么购买现有产品，是谁决定购买的，在怎样的环境下购买。

Solution 即解决方案，主要指微商通过沟通，向对方呈现如何保留原有满意度，解决不满意度，并将产品和方案结合起来。

6.2 快速成交的5个大招

时间就是微商的生命。根据统计，同样产品和项目下，如果新客户成交速度是竞争对手的 70%，则最终团队总体利润幅度会上升 90% 以上。这是因为快速成交能够带来之后的一系列连锁反应，加快微商团队的整体发展，抢占市场制高点。然而，如果不掌握必要的技巧，快速成交反而有可能欲速而不达。下面的五个大招，能够有效加快成交过程。

6.2.1 心理暗示法

由于受到交流方式的限制，微商几乎很少当面成交，利用移动互联网的通信特点，可以使用心理暗示方法来实现快速成交。

可以在交谈气氛达到一定程度时，直接假设客户已决定购买，如“这款产品的功能确实非常符合您，您看是用微信转账还是支付宝？您想要什么时候发货？”对于容易受到暗示或者性格中庸的客户，这一招很容易奏效。

还可以利用**暗示**方法来提醒客户产品数量有限，以**制造压力**。如在客户已经基本了解产品价值后，主动说“不过产品数量好像不多了，我要先去查一下”“真走运，刚好剩下您要的量”或者“不巧，只剩一件了”。类似沟通方式能让客户体会到产品的热卖感，加强对微商的信任，从而**快速成交**，如图 6-3 所示。

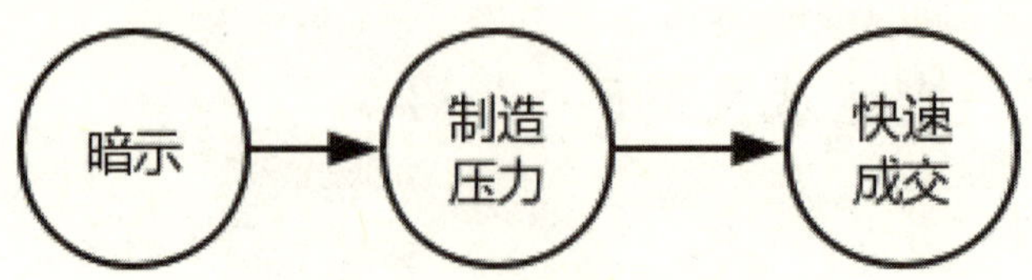

图6-2　通过心理暗示快速成交

另外，有的微商还会事先准备图片，图片中的内容是已经打包待发的产品、基本填写完整的快递单等，除了对方需要提供的住址、电话和数量信息之外。一切都和即将完成的订单一样。这种心理暗示，也会引发对方购买冲动。

6.2.2　优劣势对比成交法

这种方法借鉴了传统营销中的“富兰克林成交法”，其基本做法是将已有的沟通内容进行总结，并将购买产品的好处和不利点分别归类表达，让客户看到更充分的购买理由。由于该方法形象直观，因此比较容易打动思维缜密、考虑周全的客户。

某微商在介绍一款儿童语音故事机时，就使用了这种快速成交法。

> “不如我们来看看购买或者不购买的理由吧。
>
> 如果您购买，孩子能多一款玩具，还能学习知识，欣赏音乐和收听故事；大人也能因此避免因担心孩子而分散精力，造成工作效率低的问题；家里的老人也不需要整天陪在孩子身边，避免过于劳累。而且，孩子有了玩具的陪伴，还能节省出去玩耍花费的金钱。
>
> 当然，这款儿童智能故事机比起其他同类产品要贵一些，因为它采用了无毒无害的高新材料，能百分百确保孩子安全；此外，如果孩子很喜欢玩具，您还必须为它经常充电。”

许多客户原本犹豫不决，但在清晰地看到优点和缺点之后，几乎都认定这些“缺点”是值得的，并果断购买。

在使用这种方法时，要学会适当设计出缺点，不要将一款产品描述得过于完美，否则反而会让客户因感到不真实而难以接受。

6.2.3 打开心结法

一些微商新手总是感觉成交速度太慢，其实，客户之所以迟迟不做决定，问题在于其“心结”。微商必须先让客户暂时忘记产品和价格，放松心态，说出拒绝购买的原因，再帮助他们打开心结。

例如，某客户在和微商沟通过程中，表示比较中意一次性防霾口罩产品，但却始终迟疑，不愿购买。

于是，微商改换了谈话内容：“您每天都要出门上班吧？这个天气，恐怕必须要采取防护措施。”

客户回答说：“是啊，就是路上太远，每天又要来回，我担心口罩用起来消耗太快。”

微商说：“哦，原来您是担心消耗量的问题，看来您需要多次重复使用的产品。”

客户认同了微商的说法，很快，他购买了另一款产品，并感到非常满意。

一般来说，除了产品性价比，客户的“心结”还会出现在购买决策者上。例如，许多家庭中掌握消费主导权的是女性，如果微商发现男性客户在咨询过程中表现出犹豫不决、推迟成交的情形，就可以换个角度进行启发疏导。

又如，一些女性会更加在意产品品牌的知名度，即便欣赏产品的价值，也会担心是“山寨”品牌而影响体验。这同样需要微商对症下药，加以疏导。

总体上看，只有在实战中不断熟悉主流消费人群容易产生的“心结”，扮演消费心理咨询顾问的角色，才能更好地促进购买。

6.2.4 对抗“价格拖延”

客户之所以迟迟不做决定，有可能是其个人消费心态导致的“杀价”习惯，即便很喜欢某件产品，也想用拖延的方法来试图换取低价格。

面对这种客户，微商应指导团队成员多使用危机提醒法，即给客户一个尽快下决定的理由，例如提醒对方产品数量不多，最好尽快做决定；或在沟通之前就说明，未来产品有可能很快提价，以便于对方为了保证自身经济利益而迅速购买等。

同时，微商还可以向客户这样说明：“选购产品，您一定会注重产品品质、售后服务和价格。但是，没有一家商户能做到将最好的品质与服务，用最低的价格卖给客户。您是愿意牺牲品质、服务，还是愿意接受价格呢？”

通过类似方法，客户就会正视价格和质量之间的关系，顺利平复“价格拖延”心理，做到尽快成交。

6.2.5 情境成交法

这一方法可以帮助那些过于理性的客户提前看到产品所带来的价值。如某微商在营销新款壁炉式电暖器时，了解到客户家有一栋很大的复式住房，于是便主动描述情境：

“如果您冬天顶风冒雪，长途开车回到家。当您打开门，是希望看到妻子和孩子躲在温度不够的空调房间内，还是看到她们在客厅的壁炉旁快乐地做游戏？您觉得，哪一种生活更配得上您现在的努力和奋斗？”

这种情境对比，很快说服了客户，并让他做出了购买决定。

“天下武功，唯快不破”，微商理应让快速成交变成杀手锏，抢在竞争对手之前获得客户认可。

6.3 成交促单的6个技巧

具有一定经验的微商都有类似体验：很多情况下，明明距离成交已然很近，但由于种种主客观原因，客户总犹豫不决，难以下单。这种现象的原因很复杂，但很大程度上与微商缺乏成交促单的技巧有关。

下面是有效催促客户下单的六个技巧。

6.3.1 主动总结法

在已经完成明确需求、呈现价值、解决异议之后，微商想要及时催促客户完成付款，可以主动进行总结。即花一两分钟时间，将产品的优势、卖点总结一遍，进行简单叙述。

如：“× 姐，我再给您总结一下产品为什么适合您。第一，性价比高，相当于每天只花五角钱就能瘦身；第二，携带方便，无论在家还是在办公室都能运动，而且不占多少空间；第三，智能化，可以用手机控制运动量，精准计算自己消耗的热量……”

在总结之后，还要及时获得客户反馈和同意：“您看，我说的对不对？如果您没有其他看法，我就给您填快递单了？”

通常情况下，客户会自然感到营销趋于尾声，并跟随节奏，进入支付环节。

如果这种方法不够明显，还可以采取“直接要求”法，即直接提出交易。例如，“赵哥，如果你没有其他意见，那我们现在就确定下单了。”当微商提出成交要求后，就应该保持静默，耐心等待客户的反应，切忌再说其他的话，避免因为这些话导致客户注意力分散。

6.3.2 选择法

在情况适当时，由微商向客户提供两种选择，由其进行自选，无论客户选择其中哪一种，都能达到尽快促成销售的目的。例如“您看是购买一个疗程，还是两个疗程”“您接收产品的地址是家里，还是办公室”“您是希望分享链接拿到优惠，还是想加入会员得到优惠呢”等。

需要注意，这种方法必须建立在客户真正了解产品价值，内心已经产生购物愿望的基础上。如果火候不到，贸然使用，会让客户感觉受到操控，而产生相反效果。

6.3.3 示弱法

如果客户的性格较为强势，或者是始终没有暴露其疑问，微商可以使用这一方法来催促其下单。

在一次营销实战中，某客户对产品价值不置可否，也不愿意就自己的需求进行深入交流，为了推客户下单，微商这样说：

> “× 先生，您看，我和您沟通这么久，还是没弄清楚您的想法，我感到很失败，实在是跟不上您的思维啊（此时可以用语音，轻松诙谐一点），您的口才也很好！”

由于采取了示弱态度，反而降低了强势客户的防御心理。再加上一句：“您看，能不能告诉我们您的想法，帮助我们改正缺点？”客户很可能由于内心的胜利感、愉悦感，主动开始谈论自己的需求，无形中重新启动了营销进程。

微商一旦了解了对方的观点，就可以有效利用：“原来您担心的是售后服务啊，这是我的责任，我没有给您解释清楚，您愿意听我再说一说吗……”通过接下来的引导，最终达到目的。

6.3.4 优惠回馈法

对于一些喜欢占小便宜的客户，特别的优惠是“压垮”他们心理防线的最后一根稻草。微商可以适当降价，从而让他们感觉受惠，并加快购买。

需要注意的是，不要随便告诉客户你降价的空间，防止引起客户对产品价值的怀疑，或者在心理上存有对产品降价的更多期待。可以使用不同的借口，达成降价事实。

例如，微商可以告诉客户，因为是首次下单的新会员，产品价格可以下降一部分。这是因为客户在第一次购买时，总会存有一定的心理门槛，在他做出购买或者不购买的决策瞬间，这种首次优惠会极大地减轻负担，引导他们迈过门槛。

用特殊促销法也能形成降价。例如，结合节假日进行降价，除了法定节假日之外，还可以使用“双十一”“双十二”等电商节日等机会降价。节假日降价的关键，在于将产品和客户的特点与节日结合起来，有效开发和利用每个节日，例如“儿童节”可以进行儿童产品的降价促销，“情人节”可以做面向年轻男性的降价，“春节”则可以做礼品的降价。

对客户的回馈，还可以采取“满减优惠促销”方式。这种促销方式既能够激发客户迅速付款的愿望，也能提高客单价，并有效提升客户对产品的购买量。“满减优惠”的技巧在于设置价格。例如，微商可以选择将产品价格设置为98元，但需要满200元才满减，客户就会为了获得优惠而继续增加购买产品。

6.3.5 激将法

适当的激将法，能够利用客户的好胜心、自尊心，以加快他们购买产品的速度。

某微商对具有相当消费能力的老客户陆总推荐了一款翡翠戒指，陆总很感兴趣，但因为价格有些昂贵而犹豫。于是微商向陆总介绍说，××酒店老总夫人也曾看到过这个戒指，而且非常喜欢，很快就付款购买了。陆总受到这样的鼓励，为了显示自己对妻子的关爱，也毫不犹豫地购买了产品。

激将法需要找到合适的对象，与客户进行比较。例如，社会地位相似、财力相似、年龄相似的老客户，都可以用来进行互相对比，成功“激将”。

对于普通的老客户而言，可以利用从众心理，例如：“你真有眼光，这是目前最为热销的护眼台灯，每天都要销售几十台，如果是旺季，还要预订才能买到。我们自己团队的员工也给孩子买这种台灯，都说非常健康实用。”客户会受到这种普遍现象的“刺激”，并很快做出购买决定。

微商在**对客户进行激将时，尽量要让语气平淡、自然，不要太过明显，避免让客户看出你加快成交的策略。**此外，激将法通常更适合对老客户使用，因为老客户往往更加注重自己在熟悉微商面前的形象。

6.3.6 引导客户说“是”

在微商和客户对话过程中，如果客户总是能说出肯定的答复，销售速度会显著加快。这是因为客户每说出一个“是”，都是强烈的自我暗示，并会形成内心压力，要求自己尽快付款。

如何让客户多说出“是”？

首先，要多设计围绕产品和需求的封闭式问题。所谓封闭式问题，是指可以单纯用肯定或者否定方式来回答的问题，同时尽量压缩客户自行思考判断的空间，以帮助他们减缓紧迫感。

下面这个例子中，微商就很好地使用了封闭式提问。

微商：“您上次说最近要忙晋升了？”

客户：“是的，已经基本确定了。”

微商：“您这么优秀，在职场上肯定很受领导重视！”

客户：“也算是吧。这次就是董事长亲自拍板提升我的职位。”

微商：“真的啊？那应该邀请大家好好庆祝下！”

客户：“那当然，我已经在给大家准备礼物了。”

微商：“不妨我来介绍一下这款茶叶吧。这是今年很流行的养生茶呢！”

客户：“好！”

就这样，客户在听产品介绍前，基本上已经确定了自身需求，而接下来的营销就会顺理成章了。

当然，想要让客户不断给出肯定的答案，离不开产品本身的吸引力。在沟通过程中，可以多将产品和本领域的一线产品进行比较，如强调采用类似的原材料、有接近的服务流程等，让产品尽量和第一品牌靠近，这样客户也就逐渐愿意接受了。

其次，让客户感受到肯定还离不开沟通过程中不可或缺的赞美。赞美客户，能够让他们获得强烈的自信心，并产生积极乐观的情绪，在这种心态支配下，他们通常都更愿意看到事实肯定的一面。

通过赞美客户来促单的方法多种多样。既可以称赞客户的年龄、外表形象，也可以对客户的自身素质，如能力、履历、职位、财富加以称赞，还可以夸赞客户的家人如老公、子女等，如图 6-3 所示。

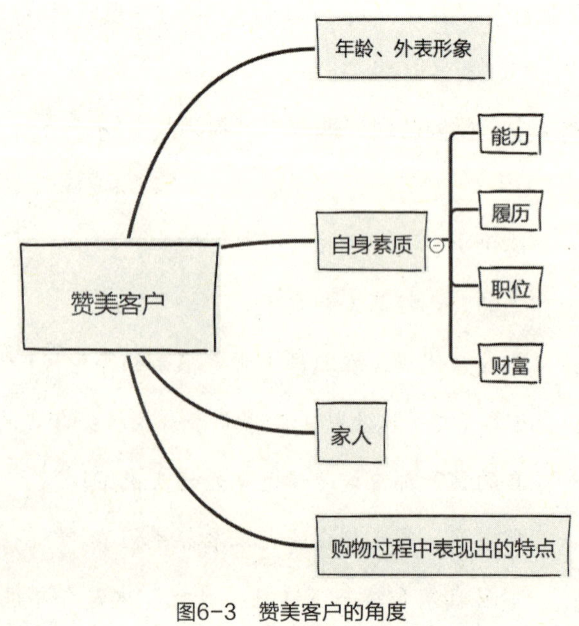

图6-3 赞美客户的角度

此外，客户在购物过程中表现出的特点也值得夸赞，如家庭消费中决策者通常是女性，微商可以说："您这样精明来管理财务，老公一定放心！"如果是男性决策，则可以称赞："现在像您这样内外兼修、善于理财的男人真不多，您老婆也真的很贤惠！"

利用上述方法，向客户施加必要压力，客户不仅不会因为催促而反感，事后还会因为更早购买产品而感到庆幸。这正是微商实现百万业绩的秘诀所在。

6.4 成交中新客户与老客户的管理

同样是成交，新客户与老客户的心态往往不同。新客户对产品有一定的好奇心，既希望尝试不同的体验，又对质量和服务不甚了解；相反，老客户的消费行为建立在既有经验上，其内心具备了一定的标杆来衡量判断。针对不同点，在微商成交中，应对新老客户采取不同的管理策略。

6.4.1 成交中如何管理新客户

不论怎样的新客户，第一次成交相对而言总是困难的。新客户对微商不够了解，信任度自然相对较低，而成交率也会很低。但现实要求团队必须去不断吸引和面对源源不断的新客户，面对他们，最适合的成交策略应该是"进阶式"。

"进阶式"成交策略，重点在于隐蔽而渐进地吸引新客户注意，并最终在成交过程前后赢得他们的信任，将新客户变成老客户。

小安是保健品微商，他有一款保健品套装，售价600多元。他组织了一批中老年人参加微信群，并听取专家的线上讲座。然而，销售情况一度比较糟糕。经过分析和请教，小安发现，许多新客户第一次来听讲座，对自己的信任度很低，这种弱关系的信任，无法让他们掏出600多元（对老年人价格不菲）购买产品。

于是，小安开始针对新客户使用“进阶”策略，具体措施如图6-4所示。

第一步，在微信群讲座中，首先介绍这款产品，让新客户**感知并熟悉产品**的价值，略微了解价格。但讲座本身重点推销的产品，只是一款50元的磁疗保温水杯。

第二步，在线下群活动中，通过**免费体检**，向新客户**赠送赠品**，并了解其中需求明显、购买能力较强的客户，引导他们购买售价100 ~ 300元的产品。经过这一步骤，小安和其中部分客户快速建立了联系。

第三步，在上述新客户拿到100 ~ 300元的产品后，小安开始**逐个回访**，请她们**评价产品功能特点**。对于其中大多数感觉不错的客户，小安表示，为了感谢之前购买的产品，特意申请了一个特惠名额。这样的数量有限，客户可以优先购买，客户自然比较乐意。

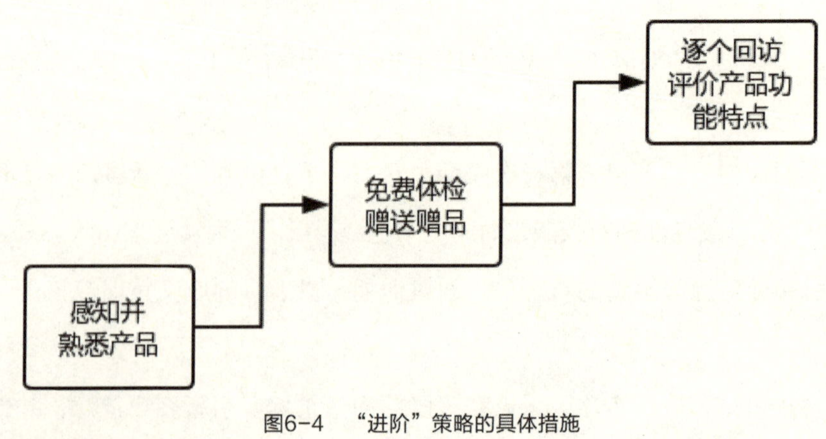

图6-4 “进阶”策略的具体措施

就这样，小安顺利地采用进阶策略，成交了相当比例的新客户，接着，他又尝试成交更高价的产品。伴随着信任的加深，他最终将这些新客户变成了老客户。

在与新客户的成交过程中，微商必须首先分析客户接受的最初上限。根据客户现有的收入情况、消费习惯和决策依据进行分析，以便提出的第一个“台阶”能够让客户毫无压力地接受。

如对于普通工薪阶层客户，平时消费客单价主要在一两百元左右，如果将最初台阶设定到四五百元，则显然超出他们预期，但如果适当降低到六十元、八十元左右，难度就会降低不少。

其次，新客户进阶成交过程中，台阶和台阶之间的距离不能过大。例如在成交完200元左右的产品后，不能直接成交上千元的产品，而是跃升到四五百元左右，否则进阶策略很容易失败。

最后，在新客户成交前后，微商还要提前预计对方可能担心的问题。如物流问题、产品功效问题、品牌之间的对比问题等，随时主动提供咨询服务。为此，微商必须把握以下从付款到拿货的整个服务流程。

1. 收到货款，微商告知客户，大概哪天拿到产品；

2. 告知客户，再次确认产品的数量、名称、品种；

3. 货打包之后，告知发货信息、快递单号，提醒注意查收；

4. 预计客户即将拿货时，提前发送信息，请客户做好准备；

5. 预计客户已拿到货，询问是否顺利收到货，如果有任何问题可以随时联系微商；

6. 在客户使用产品一周后，询问客户的使用情况。

上述过程都需要认真跟进，及时利用QQ、微信、电邮或者电话联系。一个专业的微商会在为新客户服务过程中一步步进阶，从而让新客户愿意再次购买。也只有这样，新客户才会得到越来越好的购物体验，并愿意在引导下一步步提升客单价，最后达到微商想要的效果。

6.4.2　老客户管理的秘诀

与新客户相比，老客户在成交过程中需要更多的维护。由于面对着激烈的竞争压力，微商经常只看到发展新客户的重要性，却忽视了利用成交来强化老客户的品牌忠诚度。其实，专业微商团队，产品线会不断扩大和丰富，不会只经营某一种产品，而是经营一类或者多类产品。

在老客户成交过程中，微商可以从产品线入手，主动向老客户推荐其他产品。很多情况下，老客户下单购买某一种产品后，就没有其他需求了，这时绝不能认为已经“熟悉”了就放任自流，而是要继续和老客户沟通。

例如，在推出新产品之后，应该作为重点推荐，第一时间发给老客户看，并告诉老客户：“由于您是我们重要的会员客户，希望得到您的看法，您感觉我们的新产品怎样，是否满足您的需要？”这种方法既能够开启新的成交进程，又能很好地维护和老客户之间的关系，不断有新价值向老客户展示。

另外，还应该在多次成交中，注意观察老客户的购买规律，了解老客户需要采购的时间，然后在对方购买之前，按照其购买规律推荐产品。

不少经营母婴产品的微商，在老客户购买奶粉、玩具等产品之后，就会为其建立个人档案。随着孩子的成长，不断推荐新的适合特定年龄需求的产品。这种老客户成交模式不仅能够促进购买率，而且能让老客户感到无微不至的关注与服务。

在建立老客户的系统档案时，要注意将每个老客户的相关信息整理好，包括他们的背景、沟通注意事项、历史跟进记录、交易明细、联系人和常用的联系方式等，如图 6-5 所示。这些信息不仅能够让微商自己使用，还可以在团队扩大之后，迅速传递给团队成员接手使用。

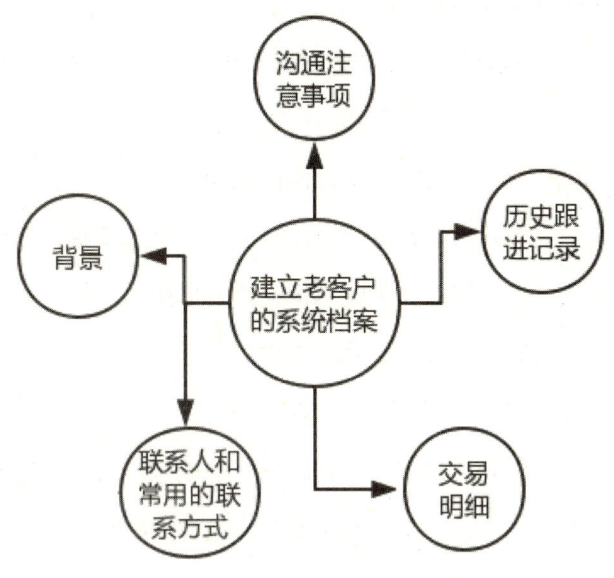

图6-5 建立老客户的系统档案需要注意的问题

值得提醒的是，某些微商团队在老客户下单之后，基本上不和他们沟通，直到发货之后才会提醒一句“您的货已经发出了”。除此之外，只有对方提出问题时他们才会进行交流。这种态度看似节约了时间和精力，其实相当不可取。

在成交前后，可以抓住一切机会，和老客户多聊聊。聊天的重点并不一定是具体产品或需要，而是一些日常的琐事，最好是客户感兴趣、愿意聊的话题。

对中年男性而言，他们感兴趣的有可能是饮酒、社交、钓鱼、时事、投资等；年轻男性客户关注职场、电影、游戏、旅游、健身、婚恋等；年轻女性喜欢谈论宠物、时尚、美妆、明星等；中年女性的话题则大多集中在家庭关系、孩子成长、情感变化、美食、文化、娱乐等。

为了和不同的老客户都能有所交流，微商团队成员也需要不断扩大知识面、培养自己强大的信息获取能力，能够自如地在话题之间转移，可以从闲聊切入到产品营销，或者从产品营销过程中再转换回闲聊。总之，只有这样，才能让老客户感受到你的关心，而并非只是为了卖出产品才想到他。

另外，即便只是单纯闲聊，也可以渗透和微商团队有关的营销信息。例如，告诉客户，团队生意进展顺利、能够如期提供他想要的产品数量，或者跟说“产品已经发出去了，估计过两天到你那边”等。

即便这些事情老客户都知道，这样做也能让他感觉到你的主动分享态度。尤其需要注意的是，老客户经常感觉自己对微商已经很了解，在这种情况下，任何与产品、团队、营销模式有关的事情，都要尽快告诉他，避免老客户从其他渠道了解之后再提问，导致营销陷入被动。

例如，某微商手中有位老客户，持续购买了一年多的保健品。随后，该微商团队发展壮大，将老客户交给了新成员。但该微商由于工作繁忙，没有及时将情况告诉老客户，等成员主动联系他时，老客户感觉自己被忽视了，很不高兴，影响了后续的购买。

这样的案例说明，只有将老客户看作团队的一部分，而不是当成纯消费者，对他们的成交管理才能有效到位。

市场总是不断变化发展的，人与人的关系也如此。微商不能盲目将所有客户看成相同的群体，相反，必须有效识别新老客户的区别，分门别类加以管理，才能提高成交的可能性。

6.5 营造客户参与感，形成客户链

促进成交，其过程无外乎促进客户对微商的承认感。这种承认不只是对

产品和服务的承认，也是客户对自身角色受到尊重和肯定的反馈。想要营造出客户的认同感，就应让客户感到和微商品牌之间有紧密联系，进而促成客户链的有效递增和扩散。

参与感可谓打造客户认同所不可或缺的基础。以实体零售为例，在超市进入人们的生活之前，在固有的零售商店模式中，消费者实际上难以参与，他们只能隔着柜台去挑选商品，再由营业员将商品拿到柜台上进行体验。但在超市中，人们可以直接走到产品前，亲手随意触摸、挑选和感知产品，这种零售方式由此迅速取代了前者。

同样，微商虽然更多依赖于移动互联网平台，但只有创建开放的购物和体验场景，打造强调参与的渠道，才能获得成功认同。参与感不仅意味着微商和客户之间的互动，也需要客户和客户之间的亲密无间，因此，微商需要打造一个具有吸引力和口碑的团队运营空间。

6.5.1 打造极具吸引力的沟通空间

欧先生手头领导着好几个微商团队，营销不同产品。虽然这些团队对应不同的消费者，但欧先生还是将这些客户集中在一起，建立了以“爱省钱”为主题的微信群、QQ 群。在这些动辄数百人参加的群中，话题非常宽泛，从生活技巧、美食讨论、时尚信息，到网购渠道、团购优惠、海淘交流等，涵盖了大部分网络消费者所普遍关心的事情。

当然，在这些话题中，欧先生的团队成员们也会随时把握好引导方向，经常会以普通成员身份发放红包，引起关注后，再发布不同的优惠信息，并开展和微商产品有关的讨论交流。

除了类似讨论之外，群活动也丰富多彩，其中包括抽奖、买产品送红包、打折促销等，还有客户年会、公益活动、社交平台有奖转发等。活动本身形式丰富多彩，而且总是能够给群友们带去惊喜，因此他们不但会主动报名参加，还会积极传播。

由于有如此规模的客户群，再加上丰富多彩的活动，客户参与有了良好的环境。这种环境意味着受众是广泛而不受限制的，并且会因为成员基数大、来源多，而产生客户递增效应。

例如，母婴产品的年轻女性客户加群之后，会认识年纪稍大的女性客户，并在交流中了解到儿童玩具、图书等产品信息；年轻男性客户原本只关心少量自用产品，但在加群后，会因为了解到更多产品信息，而产生为家庭女性成员购物的消费冲动……

一旦群成员之间产生了友谊、爱情等情感联系，则会更进一步催化消费行为，提升成交效率。

打造这样的大交流平台，花费了欧先生不少时间、精力和成本，但这种普遍参与感对维护客户非常重要，能够让老客户源源不断消费的同时，还带来新客户。此外，旗下不同的团队更是在组织参与活动中，产生了积极的竞争力。

营销和成交行为，不应该简单地看作“购买”和“发货”的单纯行为，相反，团队要利用成交中的一切条件，营造出良好环境，让客户能在更大程度上融入营销，感受到自身价值所在。

6.5.2　打造客户链之体验分享

想让客户主动将成交体验分享出去，这需要微商团队为他们带去更好的成交前后体验。

例如，可以在推出新产品之前，先征询老客户的意见；可以组织论坛讨论、有奖问答、线下参观学习等活动，激发客户对成交的兴趣；可以让客户之间形成团体关系，如根据年龄段、性别、地域、职业、家庭特色来划分，让他们互相寻找到共同点，并基于情感交流，开展相关促销活动。

这些崭新的体验能够让客户感到自己并非一个人在购物，而是将消费过程看作其社会联系的一部分。

6.5.3 打造客户链之奖励客户

要积极奖励客户的参与和分享行为。不少微商经常采取“征求意见”“有奖求名”等活动，鼓励客户在成交之前提出自己的看法，并发放奖励。

相对地，也有在成交之后鼓励客户利用社交软件“晒图”“晒单”的做法。

这些做法等同于将客户直接变成营销团队的一部分，以实际产品或优惠，刺激他们发展新客户的愿望，同时也让他们对品牌有特殊的情感。

6.5.4 打造客户链之参与途径

微商还应丰富客户参与的途径，为不同客户打造不同的参与方式，如图6-6所示。

单一途径。这类途径形式比较简单，容易打造出“小而美”并容易传播的参与感，互动比较简单。通过简洁的操作、直接的玩法、直观的场景，让客户迅速融入品牌环境中，同时注意，参与流程不宜太长，避免中途跳出。

例如，可以在微商朋友圈晒出产品介绍，前50位点赞的客户，能够得到优惠；可以在QQ群进行“晒单”投票，得票最多的客户获得奖励等。

多线途径。微商可以在参与活动的基础上，强化不同关系，如微商和客户之间的关系、微商和老客户的关系、微商和新客户的关系、新客户之间的关系、新老客户之间的关系等。多条参与途径的设计，既可以同时并重，也可以设置主副关系，采取不同的方式。

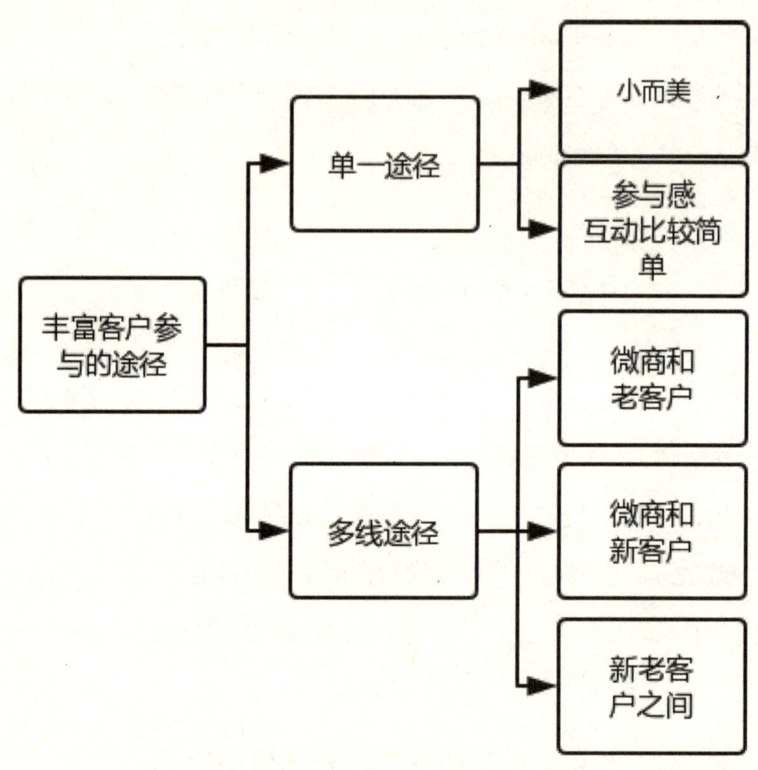

图6-6　如何丰富客户参与的途径

例如，在进行“双十一”打折参与活动时，可以同时设计针对新客户的“购物送话费”活动，针对老客户的“购物满 ×× 元赠送搬家产品活动”，这样的参与设计是并重的，既能拉来新客户，又能促进老客户消费。如果想要重点强化老客户和新客户之间的参与感，就可以只设计“介绍新客户，双方都获得打折券”的活动。

无论是何种类型的参与途径，在设计时都应注意降低客户的参与门槛。只有适当降低门槛，客户的参与度才能提高。通过设计，尽量晚地让客户消费，不然客户会被过早提出的消费要求而“吓跑”，最好能促使客户为了兴趣、情感或者利益而参与链条，得到满足之后，再要求消费。

为此，应该尽量减少客户思考的过程，始终给他们以直观、明确的参与线索，让客户愿意走完全部的参与流程。例如，微商应该避免进行大段的文字规则说明、抽奖规则介绍等，尽量让客户能直接品尝到利益甜头，以增强他们持续参与和分享的信心。

客户的主动参与，需要微商能提供他们意想不到的体验。如果微商能让客户参与的不只是购物，而且是一种生活或娱乐方式，那么客户必然会给出更多真金白银的回报。

第 7 章 搞不定团队成员，你只能一个人干到死

7.1 让团队成员充分相信，团队才能做大

7.2 吸纳精英加入，营造团队权威感

7.3 壮大团队，教育先行

7.4 持续不断激励团队成员，成为合格教练

7.5 打造系统，自动运转，大家一起赚钱

7.6 成为团队成员的精神支柱，一起圆梦

7.1 让团队成员充分相信，团队才能做大

成员越得力，团队的壮大越能呈现出几何倍数的快速扩张。然而，很难想象在职业选择多元化的当下，如果团队成员心存疑虑，怎么可能花费大量的时间和精力，投入到整体品牌建设和产品营销中。想要让团队做大，能够让领导者更加轻松地管理，必须要让团队成员充分相信领导的决策、产品的质量和未来的前途。

要做到让团队成员充分相信，微商领导者有必要从形象、专业性、共同点和诚意四方面着重进行打造。

7.1.1 个人形象塑造秘诀

个人形象塑造上，分为线上和线下两部分，如图 7-1 所示。

线上的个人形象，包括微信昵称和朋友圈、QQ 昵称和空间、微博等。在昵称设置上，如果经营的品牌历史悠久、品牌影响力较大，可以直接将之放入昵称中，并加上产品、地区、团队、个人头衔等。

如 ×× 美妆华东营销总监、×× 健康生命 ×× 市团队等。这样的昵称可以用于专门面向成员的社交账号，与面向客户引流的账号区分开。这是因为成员寻求的是赚钱，而并非产品价值本身，团队领导者昵称表现的职业感越直接、明显，就越能打动他们。

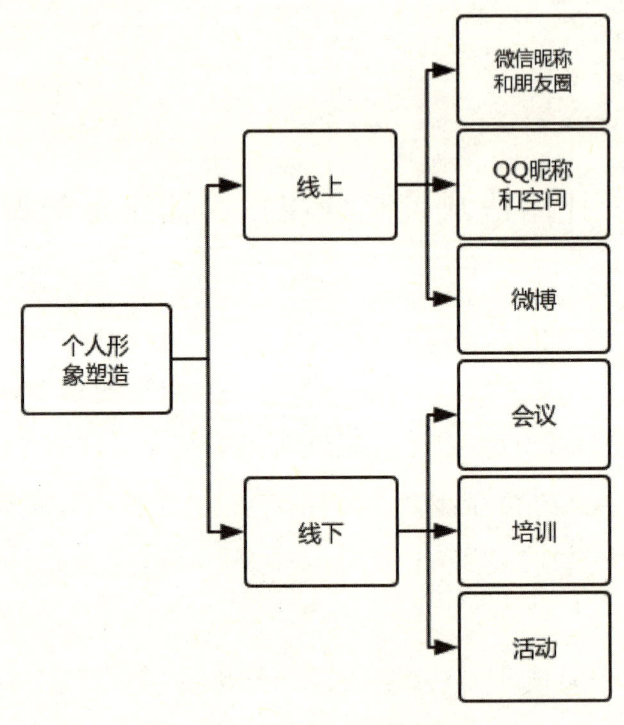

图7-1　个人形象塑造内容

此外，面向成员的朋友圈、QQ 空间内容设置上，可以多安排体现与微商职业有关的图文信息。如某团队领导小雯，每天都会发布一篇 QQ 空间日记，包括微商技巧方法、微商从业心得、企业品牌宣传、个人工作日志等，让成员能发现他即使工作之余，关注点始终在微商上，加深了他们对小雯专业性的信任。

值得强调的是，如果微商领导者本人的 QQ 账号使用历史较短，不妨考虑花钱购买一个等级较高、使用时间长的 QQ，以七位数、八位数 QQ 最佳。拿到这样的 QQ 后，可以迅速更改并填充空间日志、照片等内容。这样省时省力一些。

相比普通营销团队，微商团队上下级之间的实际见面次数少、时间短、互动集中。因此，除了线上之外，线下如会议、培训、活动等场合，也是向团队成员展示领导者形象，加深印象的重要机会。

在线下见面时，微商领导者应尽量注意个人形象的职业化特征，如穿商务西服套装、女士要化适应不同场合的淡妆或彩妆，男士要修饰头发、剃须。

语言表达上，要注意用清晰的普通话，尽量减少地方口音。最好掌握必要的商业术语，并尽量结合热门的名词，如“大数据”“新常态”“移动互联网生态环境”等。如果是有外国背景或技术因素的产品，微商领导者还可以在沟通中适当加入英文单词等元素，借此展示你强大的职业背景。

7.1.2 如何打造专业性

专业性，主要包含产品和营销两部分，如图 7-2 所示。

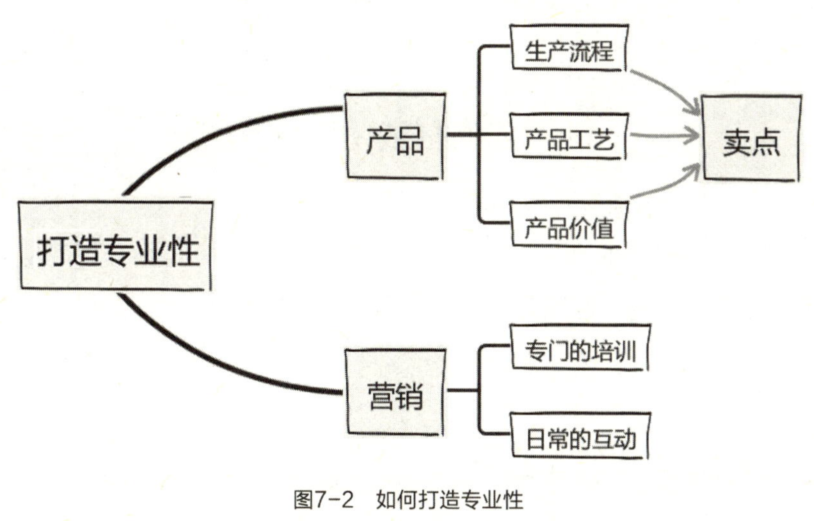

图7-2 如何打造专业性

对于产品，微商领导者应切实做好准备，对拿到的任何产品，都必须从生产流程、产品工艺、产品价值等多方面进行研究。研究重点不仅要在能向终端客户提供什么，更要集中在可以为团队成员提供怎样的“卖点”上。

例如，一款富含硒的矿泉水，如果只是面向客户进行营销，微商只需要强调该元素对人体健康的重要性即可。

但在向团队成员介绍时，就应该从整个矿泉水饮料行业出发，为他们分析该产品弥补了怎样的市场空白，让他们清楚自己为什么代理销售该产品。这样，微商就能充分利用专业光环，赢取团队成员信任。

营销方法上，微商则可以结合专门的培训、日常的互动来表现自身专业能力。尤其是利用社交软件与团队成员互动时，可以随时对他们的工作方法进行点评。

某团队中，团队成员在 QQ 群分享了一张和客户对话的截图，领导者很快就以群主的身份及时评论，表扬该成员懂得灵活运用说话技巧去赞美客户并促进了成交，同时提醒该成员注意之后的跟进，预防客户在拿到产品之后错误使用。

类似这样的点评，既能够形成一对一的培训效果，又能让整个团队的成员见证领导者的专业能力和态度，可谓一箭双雕。

7.1.3 如何打造团队共同点

如果只注重个人形象和专业性的塑造，微商领导者很容易在情感上与团队成员产生过大距离，这种差异感会导致整个团队和领导者的疏远，不利于信任感的培养。相对地，如果领导能够注重寻找和培养共同特点，就能做到锦上添花，令人更为信服。

例如，某团队领导者马姐，总是会对新招收的团队成员讲如下故事：一个 20 世纪初就来到广东打工的四川妹子，在经历了下岗、离婚、独自抚养孩子等生活风浪之后，几乎陷入绝境。在这样的命运关口，她意外地发现了 ×× 品牌微商团队，于是毅然加入、全身心投入，终于换来今天的幸福生活……故事末尾，马姐总会介绍说，自己就是故事的主人公。

由于故事情节真实可信，加上马姐的情感充沛到位，团队成员会为马姐一路走来的不容易而感慨，并将自己经历的坎坷代入其中。当故事传扬开之后，信任氛围也就越发浓厚了。

当然，寻找共同特点并非总是要采用讲故事的方法，而是结合团队成员的普遍特点进行。

例如，团队成员如果是年轻人居多，领导则可以在业余时间和他们谈论旅游感受、游戏心得、娱乐八卦等，从中找到共同语言，便于情感交流；如果是老年人居多，多讨论关于身体保健、退休感受等，也一样能发掘出对方的思想感受。

总之，要让领导和团队成员的生活、精神世界在更大程度上相互重合，产生充分的共鸣感。

7.1.4 如何展现诚意

微商的成熟，需要经历不同阶段，其中包括新人的迷茫期，到入门的适应期，再到成长的瓶颈期……团队领导者只有不断释放诚意，才能鼓励他们克服困难、坚持下去。

领导者的诚意，首先应该包含着对成员的“善”和“真”。不少成员身上都存在种种缺点，例如不愿坚持、粗心、执行力差、动力不足等，但领导者应该接受他们的不足，真诚地表现出愿意帮助他们的想法，并以最适合的形式传递出去。只要这种想法是发自内心的，无论是采取严格还是宽厚的态度，都能赢得成员的感激之情，并更加信任领导者。

但现实中不少微商“领导者”的态度单一，或者严厉过分，或者放纵过分，甚至只要成员加入团队接受了培训并拿货，就再也不管不问。这样的态度缺乏真情实意，导致成员只能看到上下级之间的利益关系，并逐渐减弱信任感。

其次，诚意还要表现出“美”，即能够通过打动人心的形式来进行沟通。

有的微商在成员过生日时，会送上贺卡，上面有亲手写的自己的祝福话语，虽然并不花费什么成本，但却能起到很好的情感传递效果。还有的微商在严厉批评成员之后，再加上一两句暖心话语，如“我骂你，是希望你好，是盼望你能赶紧成长，赚到钱孝顺父母……”等。这样，成员眼中的领导者形象会充满人性光辉，值得他们自始至终追随。

7.2 吸纳精英加入，营造团队权威感

一个优秀的团队，总是能够包容吸纳优秀的人才。微商团队也同样如此，队伍中不断有新的精英加入，客户所感受到的是服务水平不断提高，成员也会发现身边的同事具有充分权威，并由此对团队未来产生充足信心。

想要吸引精英，微商领导者必须从自身做起，提升个人能力、打造团队品牌。

7.2.1 微商如何进行人才储备

微商领导者个人能力方面，要多参加各种微商、电商和传统商业的交流、合作、论坛、学习等活动，从中拓展人际关系，增进和友商之间的了解，以期拓宽视野、丰富人才备选来源。团队品牌上，除了努力提高产品和服务质量外，还要有计划地制订人才储备方案。

例如要求每个成熟的团队成员除了完成业绩之外，还要担负介绍、推荐和发展新成员的任务，对及时完成任务的成熟的团队成员给以表扬和奖励，对

超出完成目标的成员则加以重点奖励，促使整个团队都能积极主动地去为塑造团队权威感出力。

在具体操作中，微商团队领导者不妨以季度为单位。在每季度开始之前，列举出团队发展现状所暴露出的人才短板，形成明确的可分解的招聘任务。

某团队在扩大过程中，发现缺少摄影专业人才，导致产品细节、功能体验、会议活动等方面图片素材的缺乏。该团队领导者迅速决定在下一季度重点引进摄影方面的技术人员，补充人才队伍空缺。

这一任务被布置给每个成员，要求他们发掘各自的社会关系和社交资源，寻求专业人才。很快，团队就明确了备选招聘对象，并进行了技能测试和面试，从中选取出最合适的人选，补充了技术人员的空白。

这种制订计划——分解任务——实施招聘——吸纳精英的人才引进流程，某种程度上吸收了传统商业企业中的人员招聘经验，但又没有直接加以照搬，这样更适合微商的发展，其流程如图 7-3 所示。

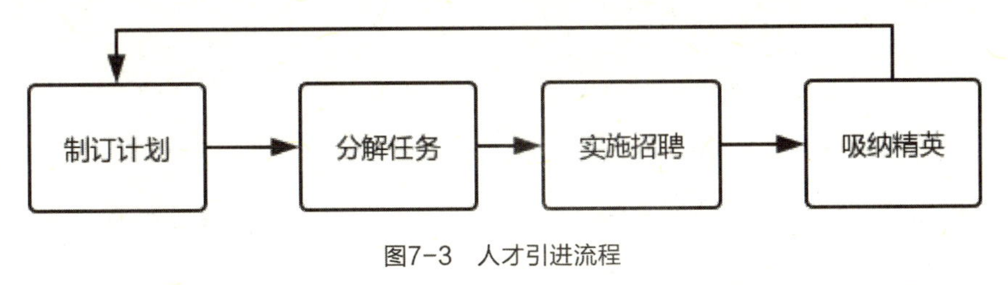

图7-3　人才引进流程

实际操作中，尤其需要突出微商团队的招聘，要使操作具有很大的灵活性、针对性和实用性。

7.2.2　微商团队成长策略

由于微商和传统企业的组织结构和任务流程有很大不同，每个新加入团队的成员，必须能很快适应工作节奏和强度，为团队创造业绩。同时，团队人才需求也是在不断变化的，这就需要领导者能够按照季度甚至月度的实际状况，灵活分析出岗位空缺并及时进行招聘。

此外，在招聘中，领导者要面向人才设定具体要求，而不是以学历、资历等宽泛条件设限。

例如，可以用“有摄影工作经历，能够承担较为繁重的摄影任务，懂得研究产品功能，进行PS设计和发布”“有软文写作经历，能够在较短时间内根据需要写出软文，并能按照客户群特点设计出具有独特传播力的文字”等，提出这样的要求，相比考察工作履历而言，更为实用。

又如，某微商团队新引入产品，消费群体主要为在校大学生。于是，该团队领导设定的招聘团队成员条件为“年龄在35岁以下，在校大学师生优先，或熟悉大学生活，与学生有较为紧密的联系。如有微商从业经历、手头有成熟学生推广团队者优先考虑”。

设定如此细致的标准，足以确保最终加入团队的成员是真正适合的人选，并迅速发挥实际作用，产生带动效应。

在日常工作中，微商团队领导需要注意发掘在不同专业上有丰富经验和独特技巧的人员，并将他们作为团队骨干加以培养。微商项目经常会有所变化，产品范围广，接触客户群体种类多，不少成员的熟悉领域看似“无用”，但如果加以储备和引导，有可能产生意想不到的效果。

某团队领导不仅看重成员的营销技能和业绩，也经常引导他们在培训、活动中发挥自己的特长，如体育项目、朗诵、音乐舞蹈、英文、旅游向导等。在一次针对老年客户群的“老歌会”活动上，由于事先注意吸纳和培养音乐舞蹈方面的人才，有音乐舞蹈方面专长的团队成员出色的表演使整场活动非常精彩，令许多老年客户感到青春焕发，对品牌产生了良好的信任，提高了营销业绩，也拉近了客户和商家之间的关系。

相对地，团队领导本人需要培养较为广泛的兴趣爱好，最好对不同领域都有所了解。

7.2.3 团队精英的能力类型

微商领导者要对多种技能具备一定的鉴别能力，做到慧眼识珠，及时准确地发现和引进精英人物。一旦吸纳了精英人物，在品牌打造和宣传的过程中，微商可以采用“本周之星”“本月之星”的方式，向团队内外宣传打造这些典型精英人物的形象，形成“光晕效应”。

通常而言，能够成为对外宣传重点的精英成员，包含下面几种类型，如图 7-4 所示。

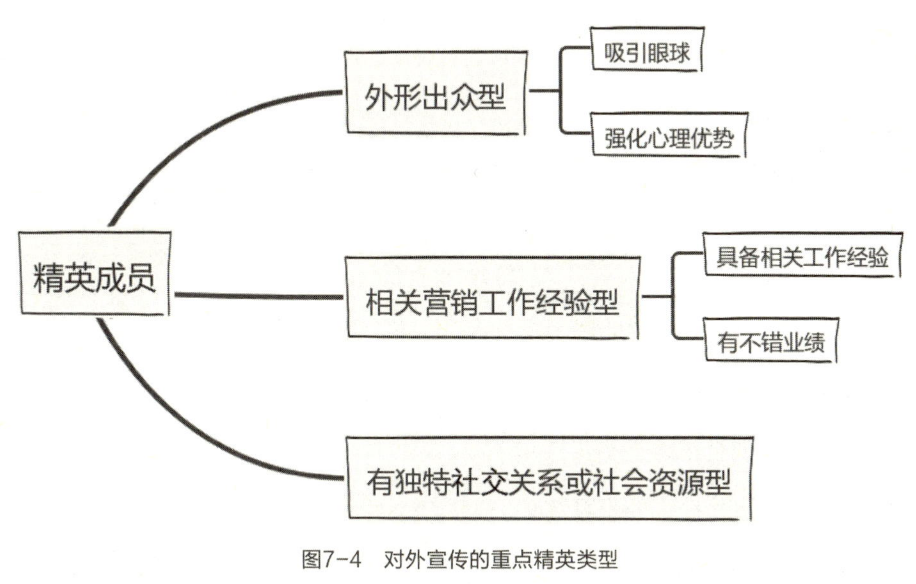

图7-4 对外宣传的重点精英类型

第一，外形出众型。如某些面向年轻客户的微商团队，有意招收“网红”“时尚达人”或者“校花”“校草”加入，其目的在于不仅吸引眼球，还能够通过成员在外貌上的吸引力、对粉丝的吸引力，强化心理优势，帮助他们相信团队的实力和权威。

第二，相关营销工作经验型。如曾在电商或实体商业担任过营销总监工作，具备相关工作经验，或微商独立创业有不错业绩的人，适合邀请加入团队。由于他们对微商营销有充分的实践，也拥有了自己的独特观点和见解，能够很快运用到实际工作中，并带动其他成员迅速提高。

第三，有独特社交关系或社会资源型。如和产品技术有关的专业人员、和宣传有关的媒体工作者等，他们能够在某个方面为微商团队组织的活动加粉，产生背书效应。即使采用兼职方式，也应该努力吸纳他们加入团队，并在日常沟通过程中拉近感情，以便关键时刻能够发挥其价值。

团队的权威感不是无本之木，建立在个人能力上的权威，即使不宣传，也会让成员们亲身感受到所处集体的强大，并愿意为这样的集体努力工作。

7.3 壮大团队，教育先行

团队成员个人的能力和素养，能有效地改变整个团队的面貌。但现实中，参加微商团队的又大多以学生、全职妈妈或学历不高的人士等为主。因此，将教育放在管理的首位，能提高成员的工作能力，有效壮大团队整体实力，确保其中每个人都以崭新面貌对待客户、对待职业生涯。

微商领导者可以使用下面五个方法对团队加以教育，从而不断壮大实力。

7.3.1 每天检查朋友圈

领导者可以固定安排检查时间，如利用中午、晚上，去检查每个成员的朋友圈，尤其注重检查新成员的朋友圈。在检查朋友圈过程中，注意及时进行记录。

检查完毕后，对其中表现突出的图片、文字进行复制，然后粘贴到群里，及时采取 @ 的方式，对成员个人点名表扬，并发放红包。对朋友圈缺乏特色、没有利用素材，或者和客户互动不频繁的代理，可以结合实际情况，采取公开 @ 或者私下交流的方式进行批评。

检查朋友圈是规律性的，同时无论是批评还是表扬都是有的放矢，这样的教练方式能够一举多得，既起到指导作用，又能有效持续激励团队。

7.3.2 表扬成员固定化

微商要在自己微信的朋友圈，每天公开表扬一个成员。公开表扬的内容，可以利用微信“标签”功能，只向成员团队展示，也可以不设定标签，让所有人（包括客户）都看见。

需要注意的是，每天表扬的对象不同，内容重点也应该有所不同。例如，周一表扬某成员重视客户反馈、及时提交并解决问题，而周二表扬另一位成员提前为客户服务、获得客户表扬等。

这样可以确保每天的表扬都有“新鲜感”，能够引起整个团队的重视。朋友圈表扬除了文字之外，还可以考虑采用能引人注意的图片，包括励志图片、风景图片，或成员个人工作照、艺术照、交流截图等。

如果采用方法得当，对成员而言是一种莫大的激励，同时又能形成示范，让更多的成员清楚应该朝哪个方向努力。

7.3.3　会议固定化

每周至少开一次分级别的激励培训会议。微商团队扩大之后，可以每天晚上在固定时间召开会议。

例如，某团队联合创始人森老师，就非常擅长培训会议，他专门从团队中挑选重点人才，建立了“特战队”。每天晚上十点，他会对“特战队”当天的表现进行总结，或者邀请“特战队”以外的优秀成员进群，做语音或者文字分享。

这种“特战队”的教练方法，本身就是特殊的荣誉激励机制，并非每个成员都有资格加入“特战队”，而是有着固定的进出制度——一旦业绩出色，普通成员可以申请加入，得到更多指导；反之，如果业绩不佳，也会被暂时请出团队，产生新的激励效果。

类似机制可以根据团队具体情况，采取不同的方法，如根据业绩数字多少来划分群组，或者根据每一季度、每一年贡献多少来划分课程等，总体原则是根据成员的不同表现，决定他们接受培训的档次，使他们有明确目标和持久动力追求进步。

7.3.4　假扮成“神秘顾客”

很多时候，微商领导者单纯以发问形式，难以了解成员具体的成交说话技巧和流程，既不能有针对性地进行指导，也无法将激励融入其中。面对这种情况，可以采取伪装方法，用 QQ 或微信小号来隐匿身份，换一种身份去加入成员的引流群或客户群，然后直接和成员谈话询问产品。

在谈话过程中，记录成员的说话技巧和吸引流程，观察他们是怎样了解客户需要、怎样展示产品价值，直到成交并提供服务的。

为了让指导更加有针对性，在假扮成“神秘顾客”的过程中，领导者应随时将聊天记录复制粘贴并予以保存。在“神秘顾客”伪装结束之后，可以将聊天记录进行适当批注，以文档形式发送给成员。

批注中，要适当突出对方营销过程中的闪光点，不吝惜以“非常好”“非常棒”“很出色”等话语去激励他们；对于成员在营销过程中表现出的缺点，也要不留情面地指出，并具体提出改正的方法。

“神秘顾客”方法既是很好的激励方式，也能让成员在意想不到的情况下，接受对自身的检验，可以在成员团队成长过程中发挥重要作用。

7.3.5 关爱固定化

领导者要每天重点打电话关心成员。不妨每个月事先排出日程表，每天重点打电话给若干成员，从关心生活起居到工作情况，全方面对其状态进行了解和指导。之所以要采用打电话方式，是因为直接对话能更清楚地暴露出成员的情绪。如单纯采用文字聊天，成员很可能经过刻意调整，导致无法被全面了解。

电话交谈中，领导者可以首先采取提问方式，观察成员是如何应对问题的。如“今天的客户流量如何”“有多少新客户”“是否主动回访老客户”“朋友圈的回复和互动如何”等，也可以从工作之外的话题开展，如“最近感觉时间安排如何”“身体情况怎么样”等。如果成员在电话中回答某个问题表现出欲言又止的情况，就应该及时追问发掘，找到其中存在的问题根源。

其次，领导者可以根据问题根源，进一步提供方法，帮助成员打造思考的空间。例如，利用设问，“如果你再多向客户展示产品的长远价值，会不会更好”；也可以利用代入法，“如果我是你，我不会轻易让这个新客户说出否定意见”；还可以采取经验传授法，如“我就面对过蛮不讲理的客户，我是这样平息其情绪的……”等。

采用不同的方法，才能避免成员对电话交谈可能产生的厌烦和回避心理。

同时，也能让他们感受到通过电话交谈所传递的激励意图。

对成员的教育，需要持之以恒的耐心，更要有投入其中的情感。只有先打动成员，微商才能期待他们有所变化，并去打动每一个客户，使团队不断成长起来。

7.4 持续不断激励团队成员，成为合格教练

好的微商团队领导者，无一例外都是合格的教练，擅长将成员从对微商一无所知的“小白”，培养成为得力的下手，直至能够独挡一面，成为新的团队负责人。需要注意的是，在教练过程中，对成员的有效激励不可或缺，只有持续激励，成员才会有信心和勇气不断前进。

正如马云所说，团队留不住人只有两个原因，或者钱没有给到位，或者心受委屈了。微商对成员的激励，不能单纯使用言语或仪式上的“打鸡血”，而是要突出规律化、日常化、全面化的特点，结合能力培训与工作引导，让成员在领导者充分的关心下获得成长。

7.4.1 物质激励秘诀

物质上，团队常用的无非利润分成、奖励政策等，但看似普通的物质激励过程，要注意以下要点，如图 7-5 所示。

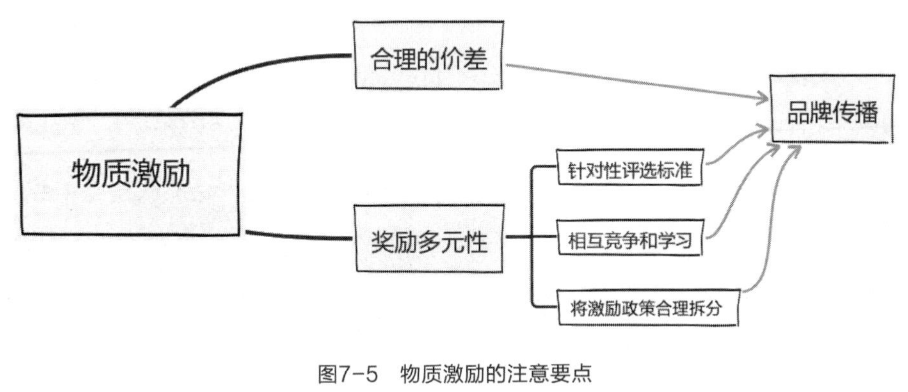

图7-5　物质激励的注意要点

第一，团队成员利润的获取，应通过**合理的价差**来实现，而不仅仅是通过奖励。不少微商团队设计内部政策时，往往将激励重点放在奖励上，结果一些成员将奖励当成了利润重点，不向自己的客户要利润，反而将团队当成了“利润源头”。

例如，某个微商团队的物质激励原本做得不错，随着规模扩大和政策倾斜，一些投机的成员为了获取更多奖励，拿出一部分资金来冲击市场，以便获取更大的产品份额和奖励，造成了窜货、倒货、价格倒挂等私下扰乱产品价格体系的行为，导致团队内部管理一度混乱。

吸取这样的教训，团队领导者要懂得针对不同程度的成员，设计出不同的指导价，将指导价和拿货价之间的差额，作为成员的主要利润。

第二，**奖励多元性**。相比过于重视奖励的现象，某些微商团队忽视了奖励多元性，仅仅凭借销售量来制定奖励。这样的激励效果注定逐级递减，不仅会让一些成熟成员开始吃“大锅饭”，还会压抑一部分有能力的新人成员，导致无法提升他们的热情。

微商可以定期结合不同奖励重点，例如产品结构、新客户开发、服务水准、老客户服务等，设计出不同的针对性评选标准，对表现突出的成员予以奖励。为了达到真正的激励效果，奖励的范围应该适当扩大，营造每个人努力都有机会获得的激励效果，体现出公平、公正、公开。

为此，团队可以结合培训指导，举行团队成员的销售竞赛。作为团队，可以在内部开展定期和不定期的营销大赛，激发团队成员的推销热情，掀起相互竞争和学习的热潮。这样不仅能够激发成员的学习动力，还能获得营销业绩的提升；不仅让团队整体受益，其设置的奖励也会让优秀团队成员在物质上获益。

此外，不少微商团队在利用物质激励时，习惯将政策统一用完，甚至会因为成员们的“集体要求”，而直接将拿货价一次性压低。其实，这样的激励政策，最多只能让成员们获得短暂的激励，无法维持较长时间。

有策略眼光的微商团队，通常会将激励政策合理拆分。例如，某微商团队在对成员进行激励时，预先准备了5%营销业绩的奖励，但将之分解为：每月奖励占1%、给客户准备的促销品价值占1%、发展新客户数量达标占1%、年终奖占1%、返利占1%。

适当拆分奖励政策，能有效地控制成员，得到他们不断反馈的好评，绩效也就能持续。

7.4.2 精神激励秘诀

相比直接的物质激励，一些团队忽略甚至取消了精神激励。但恰如马斯洛需求层次论所言，人在满足了一定层次的需求之后，其生活和工作的关注重点都会随之改变，这一点同样适用于微商。

当团队发展到一定规模之后，团队成员的收入已经足够确保其家庭生活幸福，更不能只是以金钱来作为激励的唯一内容，而是需要采取新形式的激励，从而满足他们被团队尊重、被社会需要的心理追求。

例如，吴总在组织客户活动时，会请优秀的团队成员，为抽到奖的客户颁奖，甚至会请重点培养的新人担任这样的角色。这种形式的激励，就是真正将团队成员看作品牌宣传的延伸，采取独特的奖励模式，满足了团队成员的精神追求。

除此之外，精神激励还能够采取下面的方式，如图 7-6 所示。

第一，培训学习。培训学习是为团队成员准备的良好精神激励方式，传授给团队成员新的经营、管理、销售方法，让他们通过运用这些方法来获取利润，比单纯的一次性物质激励影响更大。而对于那些工作已经有相当业绩的成员，则可以拓宽培训学习的内容，例如 MBA、外语、健身、美妆等技能，这些都能引起成员的很大兴趣。

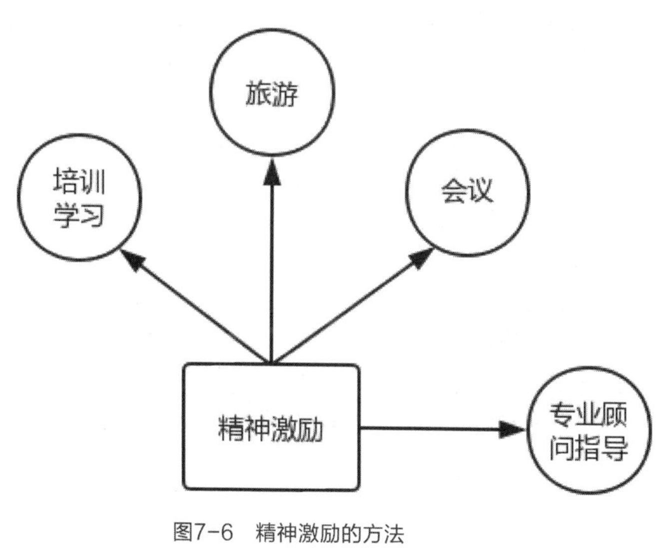

图7-6　精神激励的方法

第二，旅游。旅游是对团队非常有效的激励方式。紧张的营销工作之余，成员们能有一次放松身心的机会，可以做到劳逸结合，也能拉近彼此之间的情感。这样，整个团队会更有凝聚力，也能达到提高忠诚度的效果。此外，旅游又属于朋友圈等社交网络上曝光度和辨识度很高的信息内容，能促使团队口碑的传播。结合旅游进行的商务考察，还能相当程度上开拓成员的眼界，并能为团队培训更换环境、提供素材。

第三，会议。对于资源丰富或业绩比较突出的成员，微商可以通过定期召开会议的形式，邀请他们参加新产品说明会、培训会、政策发布会等，促使这些团队骨干深刻领悟企业和团队的营销战略，明晰下一步的战略发展方向，更好地开创团结一致的局面。

第四，专业顾问指导。为了体现对成员的支持，团队可以以专门派顾问指导的形式，将经验丰富的技术人员在不同时间段，派给不同需求的成员。这样，既能够帮助成员进行深度营销，又能够传递相关技能和经验，帮助成员得到更大提升。

无论是物质激励还是精神激励，其整体目标应该和教练目标是融为一体的，需要贯穿在领导者日常对团队的管理方针中。当你能够如师长那样关心成长中的成员，提供他们所需要的东西，他们就会自觉地跟随团队前进的脚步，为构筑微商事业散发更多光和热。

7.5 打造系统，自动运转，大家一起赚钱

团队成员成长需要高效优质的客观环境，并非只来自团队领导者个人的耳提面命或单独教导。为了促进团队整体业绩的提升，领导者必须选择能自动运转的系统，让成员在平台之上充分发挥能力、把握机会，通过身体力行，带动更多新人加入，共同创造财富。

更为现实的需求在于，近年来，微商市场相当火爆，各种微商团队爆炸性增长，微商品牌面对越来越多的成员，在管理上不可能始终依靠人为力量，否则就会出现产品乱价、串货销售、假货仿货等问题。虽然这些问题可能只发

生在少数个人身上，但如果不及时解决，就会对整个微商品牌造成巨大冲击。

为此，想要打造长线的微商品牌，就必须引入自动管控系统。

自动管控系统既能管理成员，又是成员工作的平台。其中具体包括成员快速授权、资料提交、在线下单管理、订单管理、产品防伪控价管理、一键发货管理、仓储物流管理、推广运营等面向成员需求的信息系统。

系统既要有充分的信息化平台作为“硬件”来运行，又要有具体的人员和岗位，作为“软件”来保障。更重要的是，平台要能推动形成完备的系统思维，将之打造成团队文化，让每个新成员都能在最短时间接受和学会系统的操作，并遵循其规则行事。

目前，市场上提供给微商团队管理的信息化系统有很多，团队领导者可以从中直接选择符合需求特点的，也可以结合这些系统的特点，进行量身定做。无论采取何种方式，能良好运转的系统，通常应该具备如下功能。

7.5.1 授权功能

利用信息化系统，一个公司或团队可以经营多个微商品牌。领导者通过操作平台，对最高级别的成员完成授权操作，这一级别成员可以直接提交申请加入，而自行发展成员时，则采用移动端平台系统。

使用系统授权功能时，要注意添加电子授权书自动生成的功能，这样就能简单、快捷、方便地让更多新的成员获得承认，获得正规的经营资格。

7.5.2 一键发货

微商系统，应具备手机一键发货的功能。任何成员都可以通过最简单的步骤，迅速完成营销任务。

例如，某微商团队使用“××达人”系统功能，直接捆绑个人微信号免费开店。成员不但能够在系统中设置分销产品，还能将现有产品直接导入到分销系统中。成员只需要简单设置好结算支付的信息，就能自行或者转发给其他人分享，再根据所分享的购买链接，由系统完成自动分配利润。

采用这一系统之后，该微商团队的运转效率显著提高，原本需要在后台花费时间进行的统计、登记、结算、分配等发货步骤，完全能利用一键发货功能实现。即便是文化程度较低、毫无经验的新成员，也能从容利用一台手机就完成产品的出库操作。

7.5.3 控制价格和防止窜货

在管理系统中，应设置控制价格和防止窜货功能，精准绑定每个成员的产品出库来源，价格则由商家进行官方统一规定。这样，客户和领导者就能通过手机中的链接、管理系统后台，轻松查看出售产品的具体人员、价格，起到全程监督作用。

7.5.4 防假货功能

在系统自动运行过程中，任何销售之后的产品，都应该通过系统绑定官方正品的信息。客户购买后，就能通过系统发送的微信或短信，查询到成员信息、官方价格、产品序号和标牌等。团队领导者也能查看每个成员销售产品的具体情况，确保每件产品都能达到官方品牌应有的质量。

7.5.5 订单管理功能

成员可以利用这一功能，自助运营旗下团队所有成员的订单。每一级别的成员，都能随时随地查看自己下属团队成员的情况，包括人员姓名、联系方式、订单信息等。系统集成该功能，目的在于提高他们对下级成员管理监督的效率。

此外，在一些成熟的管理系统中，还集成了积分、返利的自动计算功能。成员只要成功推荐新人加入团队，就能获得相应的积分。系统可以自行计算成员在一段时间内获得的积分，领导者可以通过设置，利用积分来实现更好的管理。

除此之外，管理系统还可以实现仓储的自动管理，即将每一位成员拿货、发货数量清楚呈现，与产品现有库存数量加以关联，形成具体详细的数据统计。这样，成员是否囤货、囤货多少，都能一目了然。

最后，如果平台系统运转得力，还可以考虑将系统再次升级，成为微商商城模式，以便得到团队快速运转的丰厚利润回馈。

电商发展的不同阶段，实际上正是互联网对人类商业模式发挥不同影响的时代折射。在未来，所有的硬件都能够和信息自动化软件相互连接，微商团队的管理模式需要尽早布局、加以适应，为参与者和客户带去更多高效、智能化的体验。

7.6 成为团队成员的精神支柱，一起圆梦

团队领导者既是日常工作事务的领袖，也应该是成员的精神支柱。成为

精神支柱，需要团队领导者帮助下属实现比物质追求更高远的精神追求，并因此产生持续进步的动力。尤其是在遭遇困难、阻碍时，整个团队依然能保持初心，凝聚共识。

成为精神支柱，必须发挥榜样的激励力量。领导者要努力保持自己的高效状态，始终对团队工作有着充分的热情，时常亲临工作第一线，塑造精明强干而又关心工作的形象。

例如 ×× 团队的赵总，时常挂在嘴上的一句话就是“有没有什么困难？我能帮上忙吗？”当成员们听见这样的话语，不知不觉就习惯于将他作为倾诉对象，在交流中列举出和客户交流出现的各种问题。即便赵总在倾听之后有时只是给他们一两句建议，也会让成员们感到温暖，体会到团队领导者的关心。

想要成为精神领袖，只依靠物质奖励的公平分配还远远不够，必须能够向成员们描述出愿景和目标，激发他们不断努力前进的欲望。

7.6.1 目标设定

按照心理学原理，人的大多数行为都是由明确动机引起并指向一定的目标。动机才是行为的诱因和内驱力，对人的活动能产生强烈的激励作用。

不断设置适当的目标，领导者才能有效引导团队成员的行为，当成员们在这种状态下受益时，就会将带给他们目标的领导看作梦想的引路人。

在设置目标时，微商领导既应该保持诚恳的态度，又要适当强调目标的美好，让成员们对团队前途充满信心。

某微商团队领导人陆姐，在每次培训会快要结束时，总会展示自己自做微商以来获得的成就，最后，她会说：“其实，和大家分享我生活中的这些，并不是在炫耀。要知道，我也曾经一贫如洗，每个月只有两千元不到的打工收入，正是凭借 ×× 品牌，我才能有今天的收获。我想告诉每一个我们团队的成员，只要你够努力，将来就有资格获得这样的幸福！”

7.6.2 目标及愿景激励

在进行目标激励法操作时，领导者要注意区分目标的适用性：对全体成员，要有共同目标；对不同的成员，则应该把握“跳一跳、够得着”的原则来制定目标，确保不脱离他们的实际，同时符合其内心期待；制定目标时，要具体而清晰，为对方描绘出最想要的梦想，才能打动对方的心，并为此而不断努力。

例如，对待追求事业型的人，可以描述一旦成功之后，能够带领多个团队共同努力奋斗，造福更多朋友；对追求家庭幸福的人，可以鼓励他们为家人的美好生活而奋斗；如果是对物质有更多的追求，则应该为他们描绘出财务自由之后的美景；对于那些已经有一定保障性（例如体制内工作）的兼职成员，让他们看到微商能够带来的更多收入、更多成就和更多归属感，也不失为其精神动力来源。

将目标呈现在团队面前，他们会承认领导者的精神高度，但只有目标还无法确保领导者成为领袖。事实上，领袖意味着合理分配责任，感受到责任的成员会更有工作积极性，也会更加尊崇领导者的地位。

另一方面，无论领导者工作能力有多强，也不可能管制整个团队营销的每个细节，事必躬亲反而会使成员的成长减慢。因此，团队领袖需要通过有效授予责任和权力，提升自己和团队成员的工作业绩，迅速提高自己在团队成员眼中的价值。

例如，当团队成员是新人时，大多是没有行业经验的，其营销的每一步可能都需要请示团队领导，而领导也需要对此耐心细致地加以指导；但当成员已经成功拿下了第一份订单，领导者就可以考虑及时放手，让成员自行决定工作细节；当成员能够独挡一面时，领导者更应该懂得合理安排权限，让他在适当的范围内充分负责，更为宽松地管理好自己的团队。

客观地看，只有当成员逐步走过上述授权节点，他们才能体会到团队领导者精神层面的强大，并意识到领导者在其能力提升过程中的重要作用。这样，领导者将成为足以影响他们长远职业生涯规划乃至改变他们命运的人。

精神领袖式的团队领导者，对微商提出了营销业务之外的更高任务，以目标和授权的精神属性去影响下级，以自身的变化轨迹去带动他们，领导者能因此成为团队成员们崇拜的偶像和努力学习的榜样。

第 8 章 搞好客户服务，不做一锤子买卖

8.1 团队成员也是客户，善待你的团队成员
8.2 赞美客户，留住客户，增加复购率
8.3 及时解答提问，多揽责任，把服务做到极致
8.4 细节感动客户：客户回馈的 8 个窍门

8.1 团队成员也是客户，善待你的团队成员

同为微商，有些领导者能将团队经营得如日中天，而有些团队则始终人气不佳，缺乏长远计划。除了种种客观原因之外，是否真正将团队成员看作客户并善待他们，是影响发展的关键。

目前，部分微商圈存在下面的怪现象：并没有将团队成员看作购买产品的客户，而是无限招募成员，利用种种忽悠和诱惑，放大产品功能。在手段上，包括利用成员打款截图、虚构提货数量的造假方法，营造产品广受欢迎的表象，似乎只要成员加入团队，就能一夜暴富。

最终，产品到了成员手中，领导者获取了利润，但产品却根本无法被市场消化，结果，团队成员只会不断流失、更换，领导者看似得到短期利益，实则失去的则是未来长远机会。

与此相反，成功的微商领导者，会从一开始就将团队成员看作客户，考虑他们的需求与利益，真诚地帮助他们。

刘姐是某微商品牌的领导者，每当新人加入团队之后，她都会先了解其年龄、工作、收入、社会关系等大致情况，然后给出具体拿货数量的合理建议。有些新成员将数量订得过高，刘姐不仅不会同意，反而会像家人那样劝说他们注意风险、量力而行，先少拿一部分产品，获得销售经验之后再慢慢扩大。

虽然不是每位成员都能领会刘姐的苦心，但绝大多数成员都从这样的过程中感受到刘姐个人的诚意，逐渐产生了信任。从业两年以来，无论刘姐手头更换什么产品，始终都有上百人的团队成员在她的领导下努力工作。

刘姐的经验值得借鉴和吸收。微商不仅要将团队成员看作客户，还要将他们作为特殊客户来善待。

善待团队成员，需要考虑到微商行业的特有情况。不容否认，微商市场上确实存在不少价格远远超出本身价值的产品，对于普通客户，或许需要的正是这种品牌溢价，从而实现个人社会地位彰显、品味提升等实用价值之外的需求。

但成员将产品作为利润工具，实现财务自由和事业发展的目的。微商领导应该懂得换位思考，不能单纯地将“接货”看成成员的唯一价值，导致竭泽而渔。

实际上，成员不仅是微商营销团队的组成者，也是产品在市场上的第一批客户，成员怎样看待团队，会决定团队的声誉。团队需要真正为成员提供价值，并在这个过程中，坚持下面几个原则。

8.1.1 围绕成员需求设定目标

在接触代理之后，应该进行综合调查，在对成员的经济投入能力、销售经验、人际资源有所掌握之后，帮助其制订现实可行的成长路线图，以便不断满足其需求。与此相反，如果根本不问成员想要什么，就只是简单给出产品和价格，成员可选择、可了解的空间越来越狭小，自然会对团队失去信心。

团队发展初始阶段，设定的个人目标应该能够激活成员潜力，同时让他们看到希望，增强他们进一步拿货的动力；在发展中期，个人目标可以适当加大难度，让成员看到学习与提升的重要性；在成员自身成长到一定程度之后，团队可以为其提供管理空间，例如将新成员、新客户分配给他们，激发他们挑战新角色的愿望。

总之，只有将团队成员看作服务对象，而非简单的渠道，微商领导者才能从团队中收获长远的利益。

8.1.2 打造良好的服务环境

任何商业模式，拥有良好的服务环境，才能留住客户。同样，微商应该制定完善的价格体系，打造扁平的管理环境，让成员全身心投入来为客户服务。

当然，对成员的善意应该兼顾公平性和激励性。

× 团队一直采取"提货累积金额返点"的政策来保障服务环境，该团队中，每个成员都能通过多销多得的方式，根据实际情况提货与销售。该团队的领导在总结经验时谈到，这样的政策，能够引导成员不会因较低的提货价而盲目囤货，保证他们的利益；其次还能够适当激励成员进行销售。

微商需要牢记，营造良好的服务环境，才能对团队成员进行积极培训和扶持，团队成员的购买才会呈现为持续行为。

8.1.3 对团队成员进行客户分类服务

微商需要对直接客户加以分类管理，对团队成员也应如此。

某微商将其旗下所有新入分为两个群，分别是高端群和普通群，并根据群的特点制定管理政策：高端群进行重点管理，确保群内气氛始终积极向上，能够相互激励，并从中挑选优秀成员协助管理；普通群则轮流分给优秀成员主要管理，定时清除那些缺乏积极性的成员。

除了这种基本分类法之外，在确保公平公正的基础上，还可以按照实际情况对成员进行分类，提供不同的价格和服务。

第一类是社会底层成员，微商应对他们给予支持和关爱，尤其要发现其中有强烈改变欲望、有积极态度和充分行动力的人，对他们要采取鼓励态度，充分激发潜力。

第二类是职业个人微商，这类成员需要的不是过多指导，而是需要团队为其提供真诚沟通、相互学习的氛围，从而便于其获得良好的收益。

第三类是生活优越安逸的自由职业者，其中大多数是全职主妇。这类人往往是最理想的“客户型”成员，但他们需要团队更多的支持和引导策略，需要得到充分的耐心和接地气的沟通技巧。这是因为他们一方面具有一定的实力、时间和人际关系，但另一方面又有较高的受尊重需求。只有在真正认可了商家的服务质量之后，她们才会将全部资源投入工作中。不妨看某微商团队领导者是如何为这一类型的客户服务的。

客户：你好，我第一次做微商，听说你比较负责，所以才找你，想加入团队。

微商：谢谢你的信任！不知道有没有了解过微商？微商如果想要有价格成本优势，就需要囤一些货，不过既然你之前没有做过，我在前期问的东西会多一点，不要嫌我啰嗦哦。

客户：当然，这是应该的啦。

微商：嗯，我现在要根据你的实际经济情况、运营能力和朋友圈质量，来建议哦。当然，我马上也会发给你招商规则、产品介绍、公司介绍。你可以根据我的建议和这些文件，确定自己做什么类型的。

随后，该客户自行阅读了文件，并做出了正确的决定。

由于事先了解到对方属于较为富裕人群，微商选择了不先给建议，而是让她自行了解、明确需求。这种建议方法，完全将对方看作客户，将选择权和决定权明确交给对方，从一开始就营造了良好氛围，使成员有了进一步融入的愿望。

不论怎样的成员，都是微商品牌广义上的客户。为他们提供贴心周到的服务，并不意味着整天忙于用微信或QQ聊天，而是抓住不同成员的心理特点，吸引他们的注意力，激活他们的热情，最终获取他们对品牌的拥护与忠诚。

8.2 赞美客户，留住客户，增加复购率

人们都喜欢赞美，即便在被看作虚拟空间的互联网上，微商同样可以借助赞美来获取并留住客户。当客户爱上被真诚赞美的感觉之后，复购率就会得到显著提高。

8.2.1 赞美要彰显诚意

微商赞美客户是否得体，其关键不在于说话技巧，而在于诚意。由于客户基本上是通过移动社交工具认识并联系微商的，在心理上或多或少存在着防范意识，如果微商的赞美突兀勉强，就会让客户感到刻意拉近关系的“威胁”，导致赞美方法效果不明显。

例如，有的微商并不了解客户，却开口就是“美女，这件衣服一定会很显你的身材”“帅哥，你肯定不会差这点钱的”等。如此赞美，无意间很可能导致结果不如人意。

最有效的赞美方法，是首先从有把握的、具体的因素上开始。微商在赞

美客户时，要做到先了解对方，细心观察，然后捕捉到对方最在意的优点。这样的赞美才能恰到好处，并对双方的关系有迅速拉近的作用。

例如，化妆品微商会经常在微信上加相貌还不错的女生。缺乏经验的成员会在翻阅朋友圈的自拍之后，直接夸对方漂亮。但下面这位微商就没有这么草率。

客户：你好，你是做化妆品的吧？我朋友介绍我过来的。

微商：你好！谢谢你和朋友对我们的信任！

（迅速翻阅朋友圈，看到女孩的自拍）

微商：亲，刚才在看你的自拍呢，拍摄效果真不错！特别是你的皮肤，很健康！是怎么保养的啊？

客户：啊？哈哈！其实也就一般啦！我主要是平时比较注意……

这种基于某一具体特点的赞美，相比看起来敷衍了事的“你很漂亮”，要更为真诚。因为具体性的赞美，能让客户意识到微商真正对自己有所观察和了解，客户也将因此愿意在接下来的交流中敞开心扉。这样，新客户到老客户的转化速度会明显加快。

即便对于已经多次购买的客户，微商也需要不断开发具体赞美的“点”，和他们逐渐成为交易之外的好友关系。不妨设想客户在每次消费之后，除了产品与服务，还能收获赞美带来的好心情，他们当然会更加愿意关注微商的动态，并因此产生购买冲动。

8.2.2 如何赞美男性

一般来说，赞美男性客户的具体元素包括很多，如图 8-1 所示。

能力方面，包括客户的事业、职业、敬业精神、工作态度、兴趣爱好、挑选眼光，例如“× 先生，和您沟通之后，我能很快感觉到您对事情的细节很重视，同时也有远见，怪不得这么年轻都是企业领导了”。

举止方面，包括男性客户的风度、行动细节、谈话特点等，例如“× 总，我觉得您说话很幽默，一定在朋友圈里面很受欢迎吧”。

身份方面，包括男性对作为丈夫这一家庭身份的认知，如“距离节日还有这么久，您就来关心给夫人的礼物了，您真是好丈夫”。

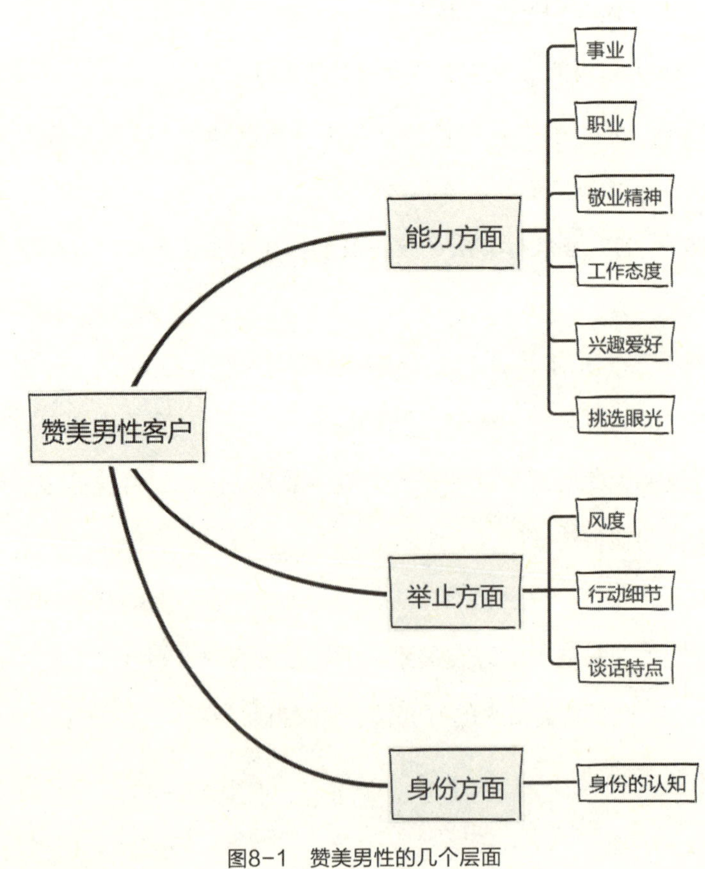

图8-1　赞美男性的几个层面

8.2.3 如何赞美女性

赞美女性的技巧相对复杂，这是因为微商最主要的老客户大部分是女性，而女性的心理需求比其物质需求要复杂得多，因此，在不同情境、不同场合下，需要懂得不同的赞美技巧。

例如，可以赞美和女性有关的第三人，如“您儿子的照片看见了，好可爱！长得也很帅，一定是您遗传得好”；也可以通过第三方的话来赞美女性，如“上次交接工作时，××就告诉我，您是对产品最有见解的客户，果然是这样”。还可以对女性进行群体性赞美，如“你们公司真是出美女，好几个都是在我这里买过产品的”。

此外，在赞美女性时，还可以多针对行为，而并非针对个人。这是因为不少女性对自身要求较高，或者喜欢制定较高目标，此时赞美其个人，不会起到什么明显效果。

例如，微商赞美对方身材好，但客户自认为锻炼还不够，此时不如赞美对方“您每天都坚持健身，真是让我们自愧不如”。这样，女性客户内心产生的不是虚荣满足，而是进一步努力的动力。这种被认可、被推崇的自我价值满足感，相比客套、普通的赞美，更能吸引她们不断和微商保持联系。

8.2.4 如何赞美同行

需要强调的是，微商团队不仅要学会如何赞美客户，还要适当在客户面前赞美同行。某微商团队中有成员在客户提到某个同行之后，马上就反唇相讥，指出其产品的缺点，结果在客户心中产生不良印象，不久就被完全屏蔽。

团队领导应吸取类似教训，当客户提起竞争对手时，要求成员继续保持良好风度，有保留地夸赞对方，以彰显自己的风范。

例如，有五年职场工作经验的客户，夸赞某竞争者同类产品价格低，微商可以用赞美形式应对："是啊，他们家的东西确实比较便宜，我之前大学毕业没多久的时候都爱去他们家呢！"

这样的赞美，并没有失去风度，反而还会让客户感到专业，忍不住想继续询问下去，从微商口中得到更多信息。

没有客户天生就对微商品牌产生特殊好感，正如没有任何朋友关系生而俱来。只有发自真心去揣摩客户的内心，赞美才能成为催化剂，将你和客户之间的情感距离拉近。

8.3 及时解答提问，多揽责任，把服务做到极致

微商经常存在这样的误解：服务是从开始介绍产品、进行推销甚至购买完成后才开始的。其实，这种错误恰恰体现了微商对提问解答环节的忽视。无数团队管理实践证明，只有重视客户的每个问题，从中发现自身责任所在，服务才能做到极致。

普遍来看，**客户面向微商提出的问题，主要集中在品牌、品质和价格三个方面**。客户在这三个方面经常表现出重重顾虑，会直接影响他们的购买和成交决策。因此，富有经验的微商领导者，会指导团队成员着力于迅速解答，以此体现出服务的价值。

8.3.1 品牌问题如何回答

下面是微商回答客户三类问题的实例。

客户：你们这个品牌名气不大吧，我怎么从来没听说过？

错误回答之一：我们的品牌曾经在 ×× 省省会体育馆召开万人招商大会，还在 ×× 电视台黄金时间播放过。

错误回答之二：我们是新产品，所以您可能还没有听说过。

这两种回答方法，或者是指客户缺乏对媒体的关注，在客户看来，似乎是暗示责任在他；或者是承认品牌影响力太小，没有知名度。无论哪种回答，都会造成客户的服务体验不佳。

正确的回答，应该是马上承认品牌宣传力度不够，主动将责任承担下来，而不是纠缠于客户为什么不认识。这样，客户就能得到心理上被认同的满足感。随后，可以再进入产品介绍过程，包括产品技术、品牌背景、知名代言人等，问题就能得到较好解决。

基于上述原则，类似问题的正确回答方式是："这样啊，大概是之前的宣传工作没有做到位，让您太迟才知道，真的很抱歉。不过没关系，今天我就是来为您介绍这个品牌的，它的最大特色是……品牌代言人是……取得过……的荣誉。我觉得，您现在的情况很适合这款产品的功能。"显然，这样的回答更便于应对问题，也化解了客户不知情的尴尬。

8.3.2 品质问题如何回答

除了有关品牌问题，正品问题也经常出现在服务过程中。微商应注意避免回答拖延或缺乏精确性，导致客户的怀疑加剧，与此同时，还应该尽量列举确凿事实排除疑问，而不是单纯靠强硬语气回答，否则很容易被误解。

例如，客户问：“你们的产品是正品吗？我为什么要相信你们呢？”错误的回答会显得过于强硬，将决定责任重新“踢”给客户，例如“我们的产品肯定是正品，不然怎么会热卖？”或者“我们的质量不可能有问题，我们当然不会拿假货骗人。”

在客户看来，这样的回答潜台词就是：已经告诉你了，如果再怀疑就是你的问题。这样的体验自然让客户敬而远之。事实上，很多客户会继续不依不饶：“万一出现假货怎么办？”不少微商就难以继续回答了。

其实，优秀的微商，会利用对这种问题的解答，既解决客户的担忧，又主动承担责任，让客户看到营销者的担当，从而引导他们进入非买不可的状态。正确的回答应该是：“亲，怪我之前没有说清楚。其实，您应该相信我的，这款产品我自己也在用，所以质量问题我是非常关注的，所有产品质量都是我亲自使用检验的，效果很好，而且保证正品渠道，我才拿出来卖的。毕竟微商做的就是回头客，我也不会只想卖一次产品……”

这样的回答，首先将问题归结在自己介绍不全面上，主动承担责任；其次，将客户对产品品质的怀疑，对接到对个人是否信任上，而通常情况下，客户会基于已有的了解和交流，对微商有所认识，从而将对微商个人的信任，转移到对产品的信任上；最后，微商主动介绍自己的营销思路是做“回头客”，让客户认可其服务态度面向长远，而并非只关注短期利益，可以让客户更放心。

采用类似思维进行回答，微商能够给客户带去最好的体验。

8.3.3 价格问题如何回答

第三类最常见的问题是：“能不能便宜一点？”无论是微商直接零售，

还是成员招募，价格高低都是影响购买决定和服务体验的最显著因素。

一般而言，客户询问价格问题，包括下面几种心理状态：或者认为产品价值有可能和价格不相符合；或者认为之前买过较为便宜的同类产品；或者是自身经济承受能力与产品价格有差距。无论哪一种情况，当客户问“价格是不是能便宜一点”时，微商绝不能简单做出否定回答，更不能让客户感到“太贵、买不起”的责任在于其自身。

实际上，不少客户在询问价格问题时，更多只是随口问问，他们对产品质量并没有真正的了解，只是希望通过提问来了解大概情况。直接回答“一直是这价格”“这个价格大家都能接受”等，会让客户非常反感，他们会感到微商在质疑自己的购买能力，或者感觉自己受到了轻视和嘲笑，也就失去了继续聊下去的愿望。

当面对价格类型提问时，微商应该避免正面回答数字，而是要先强调产品的功效价值确实高出竞争者。让客户站在更高角度，去充分了解产品，让产品的功效足以触发其共鸣。

另外，也可以主动回答：“虽然我们的价格比 ×× 品牌贵一些，但我们会为你赠送价值 ×× 元的产品，还会提供 ××× 等服务。这些都是其他品牌所不能比的。”由此，客户会感到价格昂贵并非缺点，反而会觉得物超所值，并主动购买。

微商面对的提问情况千变万化，但归根结底，回答提问就是为了承担责任、化解压力并提供良好的服务体验。微商要懂得通过语言表达，推断客户心理，然后一一作答，解决客户的顾虑和疑问，如图 8-2 所示。

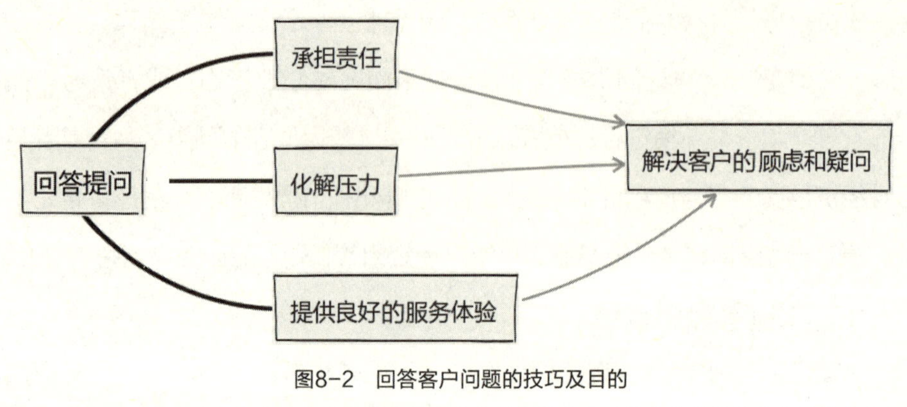

图8-2　回答客户问题的技巧及目的

因此，所有的解答都需要抓住客户需求，有理有据而不卑不亢。如果互相比较熟悉或情境合适，还可以加入一些幽默话语来调节气氛。功夫下到了，离成交也就不远了。

8.4 细节感动客户：客户回馈的8个窍门

细节不仅决定成败，还能决定微商团队的命运。微商发展到今天，单纯使用嘘寒问暖式的关心、对朋友圈的刻意关注和评论等，已经无法完全让客户感动。相反，只有抓住交流沟通过程中客户表现出的每个细节，增强他们的感受，形成利益上的有效回馈，客户才会被微商的诚意所打动。

实际上，绝大多数客户都希望在和微商熟悉后，还能得到意外的回馈。一点小回馈，除了给客户有效奖励之外，可以迎合客户希望获得重视的心理，很容易让客户再次动心。

小韩加入了一支微商团队，有一次，她通过熟人，从某老总处获得了一笔大单。为了更好地留住这名客户，她和对方约好时间，进行了线下拜访。

当小韩被领进老总办公室后，老总正在打电话，他说：“不好意思，今天朋友没有买到你想要的那款牦牛骨粉。”小韩等她挂上电话后顺口问了一句：“是什么样的牦牛骨粉？”老总解释说：“我岳父身体不太好，太太听说用这款产品能滋补，所以我在托人购买。”小韩马上记下了这个细节。

等简单的交谈完毕，她在回去的路上，立即联系了相关厂商朋友，找到了最好品牌的牦牛骨粉。等她一拿到货，就告诉了老总这个好消息，然后给他送上门去。面对这样的惊喜，老总太太连声感谢，而这位老总也成了小韩品牌的忠实粉丝。

不久之后，老总再次在微信中联系小韩，他问道：“小韩，能不能麻烦跟你问一下，上次你那个品牌的牦牛粉，用了效果特别好，你是通过什么渠道购买的？我能不能继续买？”

小韩说：“当然可以啦！不过，这款产品是限量供应的，如果您觉得可以，我能让朋友给您每个月留一份，并且长期提供，这样就不用费力去到处找啦！您看怎么样？”

老总听后很是高兴。随后，他又主动在小韩这里订购了一款产品。不久之后，他又将自己的好几位朋友介绍给小韩。

在微商营销中，回馈客户首先在于抓住细节加以满足。微商必须能够及时发现并巧妙地给客户他们意想不到的恩惠，客户内心才能得到充分的满足。这种恩惠的重点不在物质价值的多少，而在于是否能够“贴心”，满足愿望，提供便利，解除烦恼。这样，才能极大地拉近和客户之间的心理距离，牢固地拴住他们的注意力。

但实际营销中，客户不可能总是给微商提供契机去暴露细节，而单纯赠送又绝非回馈的根本意义。微商必须掌握对应的八个窍门来发掘并把握回馈的价值。

8.4.1 谈论工作追求

绝大多数客户都有自己的工作环境，谈论相关内容，会让客户不知不觉展现出自己的价值观、追求目标和思想感受。微商能够很方便地从中找到他们最想要的需求。

例如，那些对薪酬、福利特别看重的客户，他们在谈话时往往会强调金钱的重要性，喜欢直接的、物质的回馈，“买十送一”之类的产品奖励，会让他们感觉获益颇多；而那些更喜欢谈论职场荣誉的客户，通常会对精神回报更有兴趣，邀请他们去体验产品、担任颁奖嘉宾等，能够使他们感觉与众不同；那些更喜欢研究工作中如何提升自己能力的客户，则会对参加培训、学习等回馈活动更有兴趣。

8.4.2 谈论家庭

微商在平时和客户的交流中，将话题向家庭延伸是一个不错的策略。一般情况下，微商面向的客户以女性占大多数，这更是为谈论父母、子女和配偶提供了便利。

在谈论家庭时，对方提及最多的人，往往是他们内心最在意的。例如，某客户经常用炫耀口吻提到自己七岁的女儿，钢琴已经过了八级，水平相当不错。于是微商便看准时机，在儿童节时为客户送上一套珍贵的钢琴大师录音数码文件，虽然只是花费了搜寻资源和下载的时间，并没有真正的金钱成本，但客户还是很感动，觉得自己受到了关注。

同时，客户谈论家庭时，偶尔会暴露自己烦恼的内容。例如“我父母身体不太好”“孩子学习有点坐不住”“家里距离市中心有点远”等，这些话语可能只是一带而过，但微商却应该随时记录，并在恰当时机寻找能弥补缺憾的方法，对客户加以回馈。

例如，赠送客户父母一套保健产品、给客户送一本儿童教育方法的图书，或者为客户送上一张加油卡等，都是对症下药的良好回馈方案。

8.4.3 谈论客户兴趣

客户的兴趣范围，会决定他们对事物的关注程度。为了了解客户喜欢什么，可以在每次成交前后，和客户以探讨或请教的口吻，了解他们最喜欢什么。

例如，“昨天我买了套衣服，您帮我看看款式怎么样”“最近好像在流行这款美食，您感觉如何”。一般而言，由于客户处在被请教的位置，很容易围绕话题做出表态，随着话题延伸，他们会吐露更多爱好。

8.4.4 结合环境了解需求

环境发生变化时，是了解客户需求最好的机会。例如，四季变化必然伴随着温度改变，而此时假借谈论天气，就能知道客户需要什么，如“最近降温了，要注意保暖啊”这样的寒暄，可能会换来客户“是啊，想要去买衣服，可惜没时间”的感叹。这样，微商就能及时提供其购买渠道，或者赠送防寒服装产品的打折券等。

又如，节日到来也属于大环境的变更，例如谈论“过年了，去岳父母家总得准备些礼物吧”，客户也会表达出自己的需要。除此之外，诸如工作变更、家庭搬迁、职位提升、孩子毕业、亲友婚嫁、朋友变动等，都属于可以探求最佳回馈方案的好机会。

8.4.5 回馈方案

无论何种回馈方案，都应该以突出稀缺度为主。不少微商在制定和管理方案时，没有用心加以区分，将客户简单地分为老客户和新客户，然后统一选择回馈礼物。虽然客户会感到有所收获，但内心得到的感动并不深刻、持久。

相反，为客户提供稀缺的回馈，能够带给他们不同的体验。如有的微商结合客户生日，提供星座纪念版的杯子、文具，上面刻上客户姓名，虽然只是多花费了十几块钱的成本，却让客户感受到独一无二的特殊价值。

此外，回馈应规律化和意外化，如图 8-3 所示。在向客户进行回馈时，需要保证规律化，形成可以让客户有所期待的回馈制度。例如，每个月购买几次产品或单次购买产品达到一定价格，就能拿到某种回馈，这种制度可以在刚刚接触客户时就加以宣传强调，让他们有所期待。

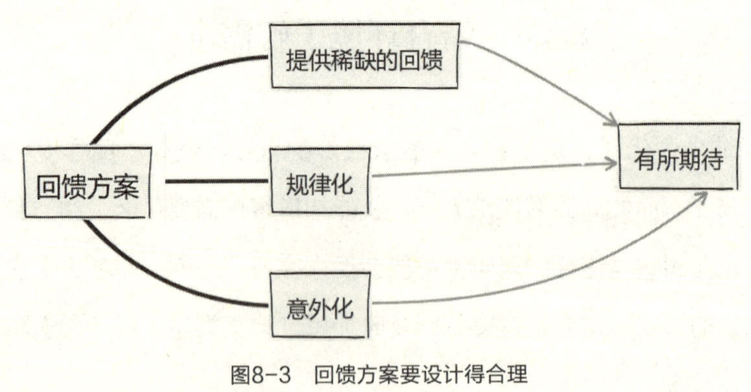

图8-3 回馈方案要设计得合理

除此之外，意外的回馈应该在打造惊喜上做足文章，可以在客户意想不到的时候，如较长时间未联系、对产品提出批评意见或介绍新客户之后，突然向客户宣布回馈消息，这样很容易传递微商的诚意。

8.4.6 回馈与产品推荐

如果单纯做产品推荐，一方面，微商会发现因为客户缺少专注时间而难以频繁进行，另一方面，回馈客户也必然导致成本提高。将回馈和产品推荐结合起来，是同时解决上述两种矛盾的方法，而且被实践证明相当有效。

不妨这样向客户进行产品推荐："您好，最近我们品牌在做回馈活动，您可以选择 A 方案或 B 方案。"无论是哪个方案，客户都会拿到新产品的试用装，但提出这样的选择之后，他们会很有兴趣，愿意就两种方案的差异加以比较。

在比较的过程中，客户必然会提出相关问题，例如产品的功能、价格、质量、成熟度、性价比和品牌知名度等。这样，微商就能针对问题进行有效回答，并引导客户对产品进行全面了解。

8.4.7 回馈与客户链

客户链条的打造并非一朝一夕就能完成，每个微商都希望客户可以带来新的客户，采取回馈形式，会让介绍行为变得更加普遍。

具体做法是这样：首先，在客户名单中找到已有一定消费额的人（消费额标准可以结合近期整体营销情况上下浮动）。其次，如果人员较多，可以分为几个周期来排定回馈名单。最后，同客户进行个别交流，通知他们进入了回馈名单，宣布回馈持续时间、回馈形式等事项，其中，回馈形式需要重点加以说明，包括介绍新客户是得到回馈的前提、新客户能够从推荐中得到的优惠、介绍者获得的回馈等。

需要注意的是，新老客户得到的回馈最好不同。对于老客户（介绍者），重在提供给他们实际利益，而对于新客户（被介绍者），则需要提供能够刺激消费的优惠政策。

8.4.8 回馈与品牌宣传

向客户进行回馈时，需要结合品牌的整体宣传政策来扩大影响。这是因为客户接受回馈物品时，心情是最为舒畅的，注意力也相当集中，这样的状态能够确保他们充分获得品牌宣传的信息，并持续较长时间。

例如，微商可以在赠送的产品上印刷 LOGO，或者体现出品牌文化的段子、小故事、格言、正能量短句、激励短句等，还可以组织客户回答“通关暗号”来获取回馈。在奖励的刺激下，客户会更为积极地分享和传播品牌的宣传口号，促进品牌形成更为成熟的氛围。

回馈客户的形式多种多样，让回馈行为始终围绕客户，能将他们的角色提到最高位置。这样，客户才会被回馈所感动，由此意识到自己和微商之间紧密的长远联系。

第9章

塑造品牌：没有品牌你永远是个卖货的

9.1　品牌才是微商极具价值的资产

9.2　品牌创意与形象设计的 5 个关键

9.3　品牌故事讲得好，客户少不了

9.4　品牌场景与品牌传播渠道

9.1 品牌才是微商极具价值的资产

越来越多的人在从事微商，但团队究竟依靠什么样的资产，才能脱离平庸，从激烈竞争中走向成功？这是无数微商创业者苦苦思考的问题。正确的答案是：微商团队最宝贵的资产不是某个人，也不是某种产品，而是真正的品牌。

所谓真正的品牌，是针对目前市场上许多微商“品牌”而言的。

回顾 2014 年，不少新兴微商甚至只需要刷屏，就能大量卖出产品。但此后三年，伴随着微商整体发展的火爆，许多原有的“品牌”都消失得无影无踪。其中的门道并不奇怪：许多所谓品牌，并非真正投入了运营。

这样的“品牌”被创造之后，微商团队投入了大量金钱去砸广告、造人气，短期内吸引巨大流量，疯狂借势炒作并招代理销售员。“品牌”一时间非常火爆，卖出去不少产品，但并没有作为资产进行良好管理和运营，结果，成功只是昙花一现，代理销售员很快就卖不出去产品，“品牌”逐渐消失。

或许，少数具有较大实力的企业和团队高层，能够不断利用这种品牌游戏来赚取短期利益。但对于绝大多数微商创业团队而言，此路不通！

那么，什么样的品牌才能真正转化成团队永久的资产？答案很简单：真正拥有了终端消费者群体的品牌。

所谓终端消费者，是指能够真正从产品中收获利益、满足需求的客户。这些客户会由于自身问题得以解决，产生对品牌的信赖与认可，并因此长期使用和消费产品，只有如此，品牌才能转化成微商的资产，带来持久回报。可以断言，未来的微商，只有经营好品牌资产，吸引到最大的终端客户群，业绩才能蒸蒸日上。

因此，微商在经营品牌时，必须具有构建资产的长远发展计划，不断投入其中，壮大资产基础，提高其收益。从创业开始，微商就要积极重视个人美誉度，伴随个人发展，将个人美誉度扩大和复制，形成旗下团队的品牌。在此过程中，还要结合产品号召力，最终形成具有强大竞争力的整体品牌。

9.1.1 个人美誉度打造

打造个人美誉度时，微商团队是属于创业阶段的。此时，尤其要注重个人声誉的培养和提高，并以此来打造个人在市场上的竞争力。与传统商业模式有所不同的是，此时发展的重点在于其个性化，创业者与其努力想要将产品做到本地最好、全国最好，不如将围绕产品的相关体验做到最为特别。

例如，有些微商将自己定位成为护肤专家，但这样的角色在目前微商界实在太多，只采用传统的科普培训类文案、图片等宣传材料，显然很难出众，更谈不上形成特别的品牌宣传效应。为了形成具有吸引力的个人美誉度，不妨从一开始就使用幽默、搞笑的文案和图片，采取拟人化的方法来描述护肤过程，自然能得到相关人群的关注。

利用个性化方向来打造个人美誉度，除了容易产生区分度之外，还便于微商创业者将资源持续投入品牌建设之中。当个人美誉度积累到一定程度时，需要完成向团队品牌转化的扩张过程，此时，微商应该进行合理有效的复制，如采取培训、学习、会议、讨论等方式，让团队成员有效学习和使用相关的素材模板，使得整个团队都在同一类型的宣传方向下发展。这样，品牌发展的力度和方向才能得到保证。

9.1.2 产品形象打造

管理品牌资产的过程中，微商还应注意选择具有良好形象的产品，以确保产品形象能够融入微商整体品牌中。为此，微商需要做到下面几点，如图9-1所示。

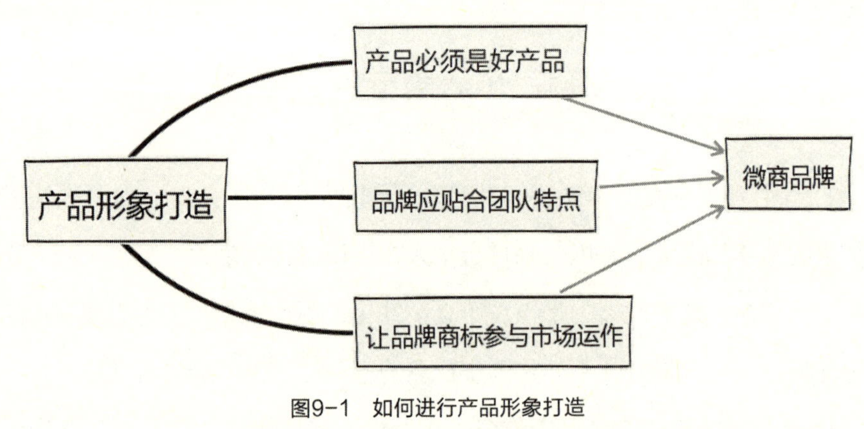

图9-1 如何进行产品形象打造

首先，**产品必须是好产品**。在信息充分发展的今天，客户获取产品资讯的渠道早已多元化，无论是传统媒体还是互联网媒体，生产厂家都能做到自行传播产品相关信息。

因此，微商必须对手头备选产品在媒体上已有的影响力做出评估，尽量选择那些专业化而非同质化的品牌产品，这样才能确保产品自带良好的品牌影响力。

其次，**品牌应贴合团队特点**。××微商团队，团队组成人员大多为九〇后全职母亲，主营产品为母婴专用玩具、食品、护肤品等，价格主打亲民路线，以性价比取胜。

经过一段时期的发展，该团队有了不错的整体品牌，运营业绩也备受瞩目。然而，该团队却在没有全面考察的情况下，引入了一款面向中年、高层次女性的功能性化妆品，由于产品品牌与团队现有品牌区分较大，两者客户群不搭，结果营销遭遇滑铁卢，整体品牌效果也有所损失。

这样的现实案例说明，品牌资产整合并非“1+1”的数字游戏。即便原本表现不错的两种品牌，在同一个微商团队平台上进行运作，如果相互不能产生良性反应，就很可能会导致彼此产生负面抵消效果。

只有那些受众目标一致、风格趋近、影响力互补的品牌，互相整合，才能同时成长、相互促进。微商对品牌资产的运作即便做到上述案例的程度，也只能看作刚刚入门。

现实中，不少团队已经意识到品牌资产内包含的巨大财富机会，少数优秀的微商企业，主动将手中的品牌注册成商标资产，其后通过授权、特许、加盟经营的方式，**让品牌商标参与市场运作**，让更多新兴团队有偿使用，而这些企业则肩负起指导、监督的任务，从中得到充分收益。

事实证明，微商团队对品牌发展的规划要长远，不仅要看到品牌萌芽期和成长期的付出，还要为品牌的未来培育土壤，甚至将品牌的打造作为微商的业绩重点，扮演“品牌操盘手”的角色。只有这样，手中品牌资产的升值空间才能越来越大。

9.2 品牌创意与形象设计的5个关键

移动互联网时代，微商品牌既是无形资产，本身也应该是一种强大的综合体验。无论是品牌内涵的创意，还是形象的设计，都应该做到线上和线下形成全面闭环，从而实现品牌的营销目标。

在品牌创意和形象设计的过程中，重点应该注意五个关键点。

9.2.1 品牌应该“有用”

所谓“有用”，即品牌旗下的产品，应该有出色而直接的功能。体现在品牌内涵中，应该强化“用处”，让客户一旦遭遇某种问题，就会直接想到品牌本身，当看到品牌形象和创意时，则能马上想起产品的用处。而一看到产品，就能想起该产品品牌带来的价值，如图 9-2 所示。

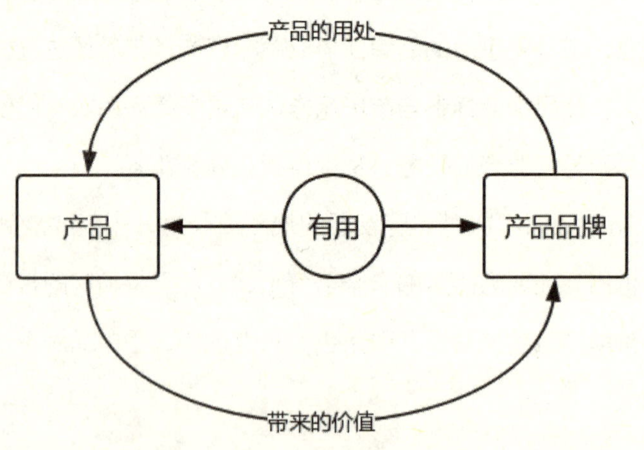

图9-2 产品与产品品牌应该“有用”

如某团队主营一款减肥产品系列，该产品品牌本身比较普通，但该团队领导者经过周密设计和全面讨论，将团队命名为“瘦美战队”。团队中，每个成员的昵称都叫“瘦美 ××”。由于微商营销品牌的形象化，客户一旦产生瘦身需求时，就会想到该团队，并迅速联想到产品。

结合上述经验，在设计微商团队本身品牌时，领导者不应只单纯讲求名称是否好听、文艺，而是可以考虑单刀直入的方式，向客户直接呈现希望带来的价值、解决的问题。类似品牌设计看上去貌似缺少创意，但实际上，直截了当向客户“表白”，反而能起到神奇作用。

9.2.2 品牌应该“有趣”

繁忙的工作、充实的生活中，现代人越来越渴望“有趣”。互联网上充斥的笑话段子、搞笑趣图、绯闻八卦等，都在折射着消费者的心态。微商打造品牌形象创意时，不应忘记“有趣”原则。

想让品牌有趣，应该围绕客户的心态做文章。首先，应了解主要消费人群的趣味选择。

××团队在推出童装系列品牌时，该团队领导者就以自己的侄女作为童装模特，扮演品牌形象代言人，小朋友活泼可爱的形象、幼稚可笑的言语举动，迅速获得了不少女性客户的喜爱，并让品牌在短期内深入客户的心中。

其次，微商还应该抓住“有趣”的颠覆性。在当下的互联网平台上，“有趣”大多意味着意想不到、颠覆权威、反主流等特征，这需要微商别出心裁，懂得如何推翻客户原有认知，以品牌来诠释旧的概念、旧的现象，造成实际上的反差感。反差感越大，带来的趣味性就越强。

如某微商团队，面向九〇后用户进行产品视频宣传时，没有采用固有的视频介绍片形式，而是采取了该年龄段用户喜闻乐见的“搞笑”视频形式，利用剪辑和配音技术，让动漫人物一遍又一遍地重复出品牌的口号。结果，该视频在相当范围用户群体内形成了爆炸性传播。传播周期结束之后，依然有不少客户表示期待下一期视频的推出。

想要做到让“有趣”既有个性又有颠覆性，就需要微商在设计品牌形象之前，能广泛了解特定客户集中喜爱的一切信息载体，从图书、电影、电视到互联网载体、自媒体、网络红人等。抓住他们所关注的社会热点、热门词语、流行歌曲等，融入品牌因素，确保“有趣”的效果。

9.2.3 品牌应该“有爱”

爱是支持人们努力生活的力量，同样，爱也是让粉丝们承认微商品牌价值并持久追随的动力。微商品牌设计不仅要强调产品实际的价值和功能，还要强调看似虚无缥缈的情怀。这种情怀，很容易让粉丝产生被爱和爱的感觉。

如何让品牌做到有爱？这需要微商利用品牌形象，去唤起客户对爱的集体回忆。若干年前，×× 品牌曾经推出一句看似并没有实际意义的口号：“×××，你妈喊你回家吃饭。”正是这样的口号，获得了引向该品牌的天量粉丝流量。除了人为炒作，该品牌口号对童年的怀念、对亲情的眷顾，也引发了众多粉丝内心的“爱”。

让品牌有爱，微商可以采取下面的方法。

以某种追求、信仰为品牌代言。如某高校园区附近的微商团队，实际经营甜点食品，但他们要求客户在购买产品之前，必须先认可团队领导者所喜欢的某青年偶像，并关注其微博，之后才能凭借关注微博的截图，“荣获”购买资格。

这一看似无厘头的要求，却被客户广泛接受，许多原本并不喜爱该偶像的大学生客户，甚至是抱着恶搞和嘲笑的心态，在该偶像微博下留言，换来了购买资格。那些原本就对偶像抱有好感的人群则在客户群内发起“反对”声浪。

实际上，该微商团队和偶像本人并没有实际关系，但利用偶像本人所带来的人气，推动“有爱”，成就了品牌力量。

以客户群体内的社交行为为品牌背书。客户群体内的社交行为，是不可忽视的品牌支持力量，如果客户个体之间的交往、互动，都能体现出品牌的存在感，那么品牌就会显得更加富有人情味、更能够吸引那些追求精神收获的粉丝。

如 ×× 微商品牌，主营鲜花配送产品，以“一生只送出一束玫瑰”作为文化特色，并在线上、线下开展同城青年联谊、相亲、交友活动。由于活动符合年轻客户的精神追求，鼓励并促进客户个体之间的情感发展，很快形成了“有爱”的品牌氛围。

以类似的思维对品牌进行操盘，还可以从同事、同学、亲子、老乡、同行等多维度去鼓励客户社交，让品牌与客户的情感世界直接联动，促成积极联想。

以客户的普遍情感来充盈品牌力量。即便世界不断变化、社会飞速发展，但人类的基础情感依然存在，品牌中内涵的善良、友爱、孝顺、正直等人性亮点，都能呼唤起客户内心的正能量，让他们爱屋及乌，对品牌的传播和营销积极参与。

微商团队不妨将品牌和慈善、公益等行为联系起来，如以粉丝群、成员群活动的名义，参与募捐、义工等活动，并积极筹划、扩大宣传。由于类似行为能体现出积极价值观和正确思想情感，必然能够得到媒体与受众的一致接受，从而让品牌形象更好体现出爱心价值。

9.2.4　品牌应该“有型”

“有型”与否，是品牌在面向“八〇后”、“九〇后”客户推广时尤其应重视的问题。在互联网平台上，“有型”又可以理解和包装成为“酷”“炫”“亮了”等不同的词语，但其所指向的终极含义在于受众的独特体验。

这种体验要求品牌文化能够跨越多层次、多语境，在接触的第一印象上就给客户带去强大冲击感，并将这种冲击感保持得尽量久远。

例如，××坚果微商，以动漫化的动物形象作为品牌代言，并在产品包装、产品服务用语上体现出小动物“萌”的特点，以此打动吸引那些酷爱二次元文化的客户；××玩具微商，则坚持不断引进名车模型，并在宣传中大量采用实景拍摄，满足喜欢车文化的客户的需要。

上述微商的产品，实际上发挥的功能都是传统性质的，但品牌包装则能够突破原有界限，接近客户所喜闻乐见的娱乐风格，并因此而塑造出“有型”的品牌形象。

9.2.5 品牌应该“有力”

品牌力量的形成，来自多元化的宣传推广渠道。其中既有传统形式的直接展示、推荐、介绍，也有符合移动互联网特点的表达方式。

微商可以建立自身品牌的百度贴吧、组建BBS讨论版块、开发微博群组等，让品牌出现在网络各个角落，不断利用碎片化的渗透去影响和改变客户看法，如图 9-3 所示。

除渠道多元化之外，品牌的自我表达还应该充满独特的人格化力量。不同于传统宣传方式，微商可以围绕品牌打造争议话题，甚至是客户的吐槽，从而获取吸引眼球的因素。

××微商曾经主动在其公众号上推出致歉信，致歉对象是一位忠实客户，该客户因为购买不到某款产品，而在朋友圈发文批评该微商团队不够重视老客户。在致歉信中，微商团队除了全文引用其朋友圈内容，还主动声明，类似错误是由于产品过于热销，导致备货不足，而忽略了老客户需求所致。

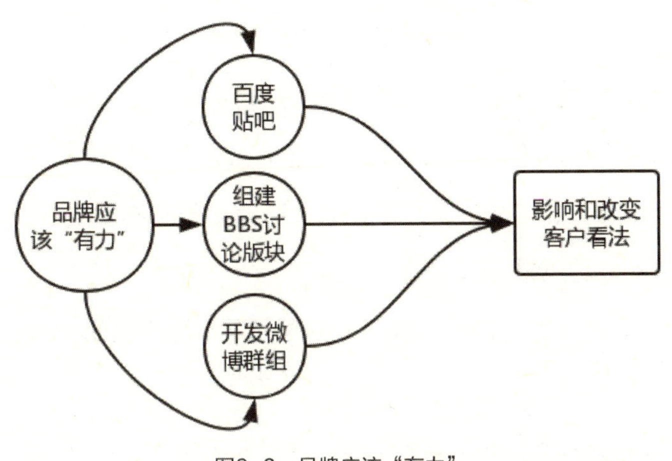

图9-3　品牌应该“有力”

该道歉信中表现出品牌自我反省的能力，同时又暗示了产品供不应求的品牌热度，短时期内得到了大量转发分享。试想，如果微商团队意识不到其中蕴含的品牌能量，采取“大事化小”的态度，无疑会错过让品牌表达充分有力的良好机会。

品牌创意和形象设计，贯穿在微商打造品牌的整个过程中。抓住上述五个窍门，品牌会显示出生命活力，从而吸引原本对之陌生的人群加以充分关注。

9.3 品牌故事讲得好，客户少不了

人天生爱听故事，幼年时他们喜欢听大人讲故事，长大之后他们喜欢看小说、电视剧和电影，而这些其实都是故事形式的不同演绎。因此，微商也需要学会讲品牌故事。

一个没有故事的品牌，犹如缺乏灵魂的身体。抛开故事，任何品牌就只

会剩下简单的符号和标志。在越来越激烈的市场竞争下，商品同质化趋向明显，客户会很快忘掉那些没有故事的品牌。

微商必须打造出能够让人记住的好故事，才能让他们的品牌永葆生机。不仅如此，一个动人心弦的故事，还能帮助微商快速而完整地塑造出品牌，并起到提高传播速度的效果。

××微商团队，为他们所代理销售的某品牌布包打造出一段凄美的爱情故事：

某品牌原本是家族式的皮具手工坊，故事女主角M出生在这个家族，她天生热爱艺术，注定要和家族的皮革产品终生结缘。20岁时，M邂逅了一位街头画家，他长得很英俊，也非常有才华。两个人一见钟情，M的家庭环境决定了她不可能嫁给他，但女孩非常执着，决定和爱人私奔，他们租了一架飞机，准备逃到希腊去结婚。

不幸的是，飞机途中出了故障，飞机上只有两个降落伞，飞行员抢先跳了下去。画家将剩下的一个降落伞背到了M的身上，然后不顾她的反对，将她推出了机舱。M获救了，回到了家，但从此与爱侣生死两隔，再也没能见到他。

后来，M成了著名的时尚皮具设计师。她运用自己的创意，将家族事业经营得非常成功。M还创立了属于自己的品牌，为了纪念当年男友，她用珍藏了多年的那顶降落伞，设计出了尼龙包。

如今，许多时尚女性，都追求拥有这个品牌的尼龙包，而这个包背后的故事，却鲜为人知。这个看似普通的包背后，其实代表着设计者永远错失的爱情，还有爱人的生命与灵魂……

这个故事传播之后，在朋友圈得到了数十万点击量，吸引了不错的流量。最令人称赞的是：企业和微商团队几乎没有为此花费任何广告成本。

品牌故事的力量，在上述案例中可见一斑。那么，应该如何打造属于微商的品牌故事呢？

9.3.1 独特性

微商团队的品牌故事应当是别人未曾耳闻的。即便故事的主旨无外乎歌颂勇气、爱情、亲情等，但故事的情节、环境和人物应该典型化。即便只是记录那些普通人的成长轨迹，也要选择客户缺乏经历和体验的环境，找出对他们而言相对陌生的情节来加以铺陈。

例如，以城市年轻白领居多的客户群体，微商可以打造农村、自然、探险、旅游等环境的故事；面对中老年客户群体，则可以打造爱情、传奇、现代的故事情节。如此才能确保故事和客户的生活环境有实质性差异，并能够吸引客户加深印象，否则他们不仅不会记住，还会因为对故事细节的追究，进一步怀疑故事的真实性。

9.3.2 曲折性

微商讲的品牌故事，一定要有曲折的情节，这样才能令人印象深刻。所谓曲折情节，应该一波三折、引人入胜，不能是受众一开始就能预料到的。

如原本处于劣势的主角突然逆转局面，如已经默默无闻的传统产品伴随着互联网的兴起而焕发青春等。这样的故事才能令客户感到别出心裁，并能对主题内容真正铭记在心。

9.3.3 升华

微商所讲的故事不能片面追求情节吸引力，而是要在故事内容的关键位置进行升华。在创作故事时，应该将重点放在文章的标题、开头和结尾，表达故事想要体现的主旨思想。

如上面案例中最后一句“这个看似普通的包背后，其实代表着设计者永远错失的爱情”，正是画龙点睛的升华，让接受者在阅读完故事之后，会自动将品牌和爱情结合在一起，形成联想效应。有了这样的升华，原本单薄的品牌形象，因此而变得丰润起来，在客户的心智模式中占据完全不同的位置。

创作品牌故事时，不要只看到炒作的空间，而是要发自内心真诚地和客户分享，激发客户的共鸣，让他们主动和品牌沟通。讲述品牌故事时，要有感恩之情，不要试图欺骗和夸大情节来获得客户好感，甚至根本不需要什么情节，只是告诉客户某个知识点，其中可以开发的包括：品牌发展历程回顾、某项工艺或原料的特点、品牌发展过程中的重要事项等，如图 9-4 所示。

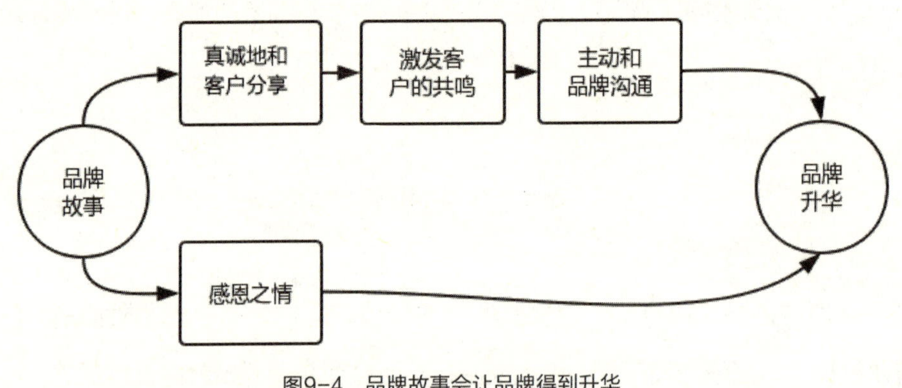

图9-4　品牌故事会让品牌得到升华

例如，一家卤味店经营烧鹅，在网络发展浪潮中也开发了自己的微商营销系统。这家卤味店很小，但生意相当不错，原因是无论在团队的公众微信号上，还是在外卖平台上，他们都讲述了这样的品牌故事：“你知道吗？世界上只有两种动物是不得癌症的，一种是鲸，一种是鹅！”虽然只有短短一句话，但客户很快就记住了故事背后的知识点，不仅会爱上吃鹅，还会推荐给身边的朋友。

这说明，出色的品牌故事，并不完全取决于情节是否离奇、主题是否感人，而是要有“真诚”和“特别”这两项关键因素。

9.4 品牌场景与品牌传播渠道

微商诞生之后，“场景”这个词迅速火爆起来。抓住品牌的场景建设，微商能扩大品牌传播渠道，享受品牌自主传播所带来的便利收益。

那么，什么是场景？场景原本来自戏剧影视专业，指在特定时空所发生的行动，或者是其中人物关系所构成的景象，在场景中，人物用行动来表现具体情节。

而当场景被应用到微商领域时，表现的则是和购物、社交、娱乐等互联网行为有关的客户状态。具体而言，场景包括了从客户最初感受，直到支付完成并体验产品、满足需求之后的所有状态和细节。

9.4.1 场景化体验打造

怎样营造品牌的场景呢？不妨看微商品牌营销中最常见的案例。

一个刚刚下班回到家里的九〇后女生，想要暂时忘记公司里的繁杂事务。于是，她打开手机朋友圈，看到一篇介绍美食鉴赏的文章，由于图片诱人、文字有趣，她很快忘记了疲惫。这就是一个场景。

如果微商意识到，在这样的场景下，女生很可能被文章所打动，产生购买食材原料、参加技能学习并最终手作甜点的念头。那么他们完全可以将旗下相关产品的品牌，融入文章之中，当女生阅读完文章之后，品牌形象自然就进入了她的脑海。她很有可能在文章末尾点击“阅读原文”，进入商家预先设置的微店页面，挑选并购买产品。即便她没有做出这些行为，也会在脑海中对该品牌留下足够深刻的印象，并影响其之后的消费方向。

换而言之，今日微商模式中最重要的品牌传播渠道，就是场景化体验。而场景化体验的打造，必须同时具备下面的要素，如图 9-5 所示。

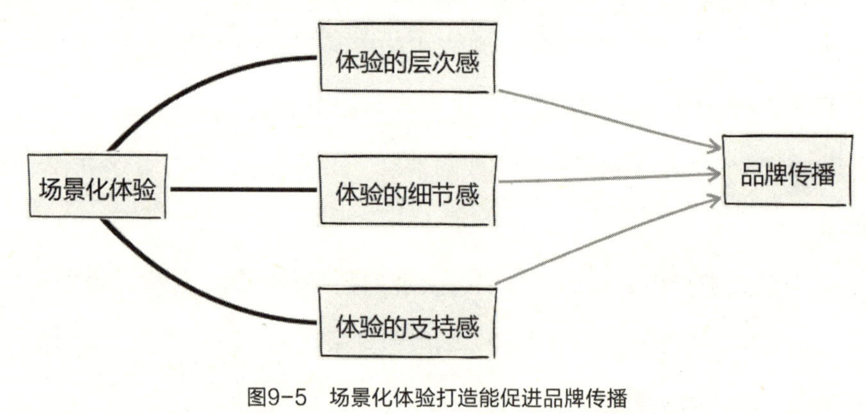

图9-5 场景化体验打造能促进品牌传播

第一，体验的层次感。

品牌的场景要能塑造出体验的层次感，分别满足功能、利益、信任、知识、虚荣等体验要求，并做到层层递进。

例如，微商单纯在朋友圈推荐产品，最多只能满足客户对功能、利益方面的要求，但如果创建"积赞获赠品"的场景，客户还能从请求朋友点赞的过程中得到友情、信任体验，品牌的形象也会立刻生动起来。

第二，体验的细节感。

细节感是基于场景的微商入口。以某款保温杯品牌的推广渠道打造为案例，该微商团队在朋友圈上发出图片，包括一个保温杯、一本笔记本和一支笔，再在旁边配上打开了录音功能的手机。在客户看来，这就意味着听课或培训场景的全部。由于细节真实，客户能够通过场景感受完全真实的体验，图片上凸显出的保温杯品牌，就形成解决方案的重要部分，并成为品牌传播的重要流量渠道。

第三，体验的支持感。

微商应该在线上和线下营造出让客户支持品牌的场景。例如，鼓励客户在微信上转发产品的宣传图片，并加上“我在使用 ×× 产品，我支持他们”的文字。由于微信作为社交工具的特性，在朋友圈中很快就会出现询问，客户会在这样的场景下对产品进行主动推荐。

此时，商家与客户成为一致行动人，都致力于对品牌的支持与拥护。因此，不妨多组织客户参与公众号、博客、QQ 群的线上线下活动，让他们做出自己的贡献，伴随贡献场景，他们很可能会自行开辟品牌宣传的渠道。

9.4.2　如何以场景推动传播

当然，体验只是场景构建中最主要的因素，但不是唯一的因素。在搭建品牌场景时，微商还不能忘记用下面的手段来拓宽传播渠道。

第一，让场景推动分享。

微商可以多为客户创建推动他们分享力的场景。例如，当客户下单完成支付之后，客服可以主动向客户发送一幅图片，图片应包含产品形象、品牌 LOGO 和邀请语，并向客户说明，只要将这幅图片在朋友圈分享，马上就能得到返利红包。在这种场景下，客户在意的将不只是自己得到的返利，还包括积极与朋友共享的信息和资源。

场景所推动分享的内容，还可以更加广义化，既可以是产品的直接信息，又可以是包含了品牌特征的使用体验、攻略心得或者评论感想、技术文章，或者是一篇看起来恶搞有趣的软文，也可以是品牌自身的推广资源和渠道等。

第二，找准分享推广的杠杆工具。

互联网时代，即便是最简单的场景体验，也能通过朋友圈、微博、陌陌小组、百度贴吧、QQ 群等社交工具和移动应用放大。对品牌来说，这意味着推广渠道无处不在，客户之间分享的成本被急剧拉低。

微商应该由此出发，找到能够将场景和渠道连接起来的最佳结合点。例如，用 QQ 群打造在线听课、讨论的场景，那么最佳分享工具显然是 QQ 空间；以“点击原文”引导向在线微商平台，打造体验场景，则选择朋友圈作为分享工具。只有这样，微商才能确保品牌从场景与渠道的连接中获得红利。

第三，赋予场景流行因素。

如果只符合少数人群的生活内容，场景最多也只是微商品牌在线下和个别客户的接触点，未必能够形成充分的社群势能，更难以开拓微商品牌传播的渠道。微商要抓住个体所处的社群，从其社群的亚文化特征入手，握紧流行因素带来的主动吸引力。具体来看，微商要让产品自身形成主动搜索的意愿，才能从场景互动中催生出品牌号召力。

品牌的场景体验，是一场关于推广渠道的革命。微商有必要在曲折波动的流量大潮之外，找到新的入口和出口，这也是微商竞争中下一轮价值高地的争夺之战。

第 10 章 借势造势，趋势才是最大的红利

10.1 微商是未来最具价值的商业模式之一

10.2 选好趋势产品，微商能裂变

10.3 借势大咖与明星团队，你能少走弯路

10.4 为产品和团队造势的大招

10.5 相信自己，相信团队，微商才能赚钱

10.6 今天的努力是为了明天过得更好

10.1 微商是未来最具价值的商业模式之一

如果说微商刚诞生时，还带着些许质疑和争议，那么时至今日，微商则被认为是未来最具价值的商业模式之一。微商不只是零碎的商业行为如表面上的卖货、微营销等。恰好相反，微商里蕴藏的种种模式，都预示其未来将展现出无穷能量。

现实变化，也证明着这样的结论。2016 年开始，南京同仁堂、云南白药、纳爱斯、恒源祥、浪莎袜业、九芝堂阿胶膏、立白等多家国内知名品牌，纷纷选择进军微商，其中不乏上市公司。这些资历深厚、底蕴丰富的老字号、大品牌，在坚守传统商业模式的同时，也选择了不断变革、顺势而为。更不用说普通商业创业者，更有必要将微商作为重点选择的模式来看待、分析和选择。

不同阶段的微商有着不同类型的模式，其体现出的重要特点，分别能够满足不同的商业经营主体。

最初阶段，是以 C2C 模式为主的个体商户。由于微信的广泛使用，移动端的社交、分享和购物习惯正在逐渐形成。微信朋友圈让自媒体、自商业走向现实，并能够将两者完美结合起来，一批既是自媒体内容的创业者，又是自商业产品卖家的商户，赶上了微信崛起的趋势，并会迎来新的移动购物时代。

另外，在目前所有的移动电商平台上，商户基于微信进行零售创业的试错成本相当低。商户能够借助微信这样的社交工具，满足客户的痛点需求，并用来打造流量入口。

在此基础上，未来的个体商户还能够催生出“社交工具 + 社群 + 微商”的混合模式，通过以微信为代表的社交工具，将产品核心功能呈现到社群化的海量目标用户面前。

进阶部分，是以 B2C 为代表的品牌卖家、代理销售团队形态。微商的最终发展形式注定是规模化的团队运作，这样的规模化代表着从 C2C 的单打独斗到 B2C 的团队作战过程。

未来的微商模式中，用户购物观念会迅速从追求性价比，转向到品牌比对和质量提升。在此过程中，很多微商将会从面向大量客户销售产品的现状中改变，形成以团队作战，分别面向不同属性的小额用户，销售针对性强的产品。未来，还将通过这一形式，实现大规模、个性化定制，其整体商业核心在于“多款少量”。

毫无疑问，只有基于微商模式的成熟，B2C 商业形态的特长才能得到充分发挥，推动未来“长尾销售”模式的全面实现。

上升阶段中，微商模式还将以团队合作经营形式，推进跨界商业模式的发展。在移动互联网时代，营销者大都认识到跨界整合资源的必要性。这是因为不论其具体产品是什么，真正能够构成最大威胁的对手，很可能不是行业内的竞争者，而是行业之外潜在的竞争者。

利用微商模式，能够颠覆传统的营销过程，用高效率营销手段，整合原有的低效率手段，做到对传统商业模式营销要素进行再分配。

在微商模式中，企业能逐步减少那些原本不必要的中间环节，将原有渠道中不必要的损耗降到最低。取而代之的是微商团队利用跨界合作的方式，让产品从生产到送达客户手中的环节充分减少，并因此提高效率和降低成本。

微商模式之所以能通过多样性体现非凡价值，在于其顺应 O2O 的整体发展趋向。预判未来商业模式之争，离不开移动互联网架构上地理位置信息的重要性。微商模式能够以二维码、App 作为线上和线下的连接入口，将原本散落在不同地理位置的客户消费能力带到线上商业模式中。

在微商平台上，O2O 主要以两种场景为客户提供营销服务。

第一种，线上到线下的消费过程。客户可以在线上选择、购买或预订服务、产品，再到线下商户实地享受服务或获得产品。

第二种，线下到线上。即用户在线下实体店内体验，然后利用移动终端下单，实现购买。

在未来，基于微商模式上的 O2O 将具有更大意义，在这种模式内，互联网思维和传统产业将相互融合。原本横亘在线上和线下的界限会打破，大数据和物联网的迅猛发展，将会改造传统零售行业链条中的低效率环节，做到真正的虚实共享、平等开放。

在人类商业社会发展的历史上，每一种商业模式都有可能在其时代内占有强劲风头，创造巨大财富。微商之所以方兴未艾，不断有新的领先者出现，正是在于其能够整合传统和高科技的优势，并能够连续不断地提供市场所需要的价值。

10.2 选好趋势产品，微商能裂变

无可置疑，每个微商都希望自己能准确“借势”。但“势”究竟在哪里，值得微商深入观察和思考。实际上，市场千变万化，媒体口径不一，如果只观察表象，很有可能被误导和欺骗。与其背负着这样的风险，不如将更为实际的产品趋势把握好，用能够引领未来需求变化的产品，作为微商裂变的原动力。

必须承认，任何产品都是有其生命周期的，而趋势产品，则是指那些刚刚出现不久，即将引导人们生活习惯或生活发展趋势，最终能够成为生活中不可或缺类需求的产品。

从20世纪八九十年代开始，电冰箱、电视机、洗衣机、空调、个人电脑、手机等，大多是作为趋势产品而陆续出现的，即便趋势过去之后，这些产品依然有着庞大的消费基数。

同样，微商想要顺应时代发展，就应该抓住当下正在出现和未来即将出现的趋势产品，这不仅意味着庞大的利润，还能让微商遥遥领先于竞争者，从而保持品牌和团队的活力。

通常而言，趋势产品具备如下特点。

第一，具备创新因素，包括科技创新、概念创新等方面。

第二，有着庞大的利润空间，尤其是趋势类产品发展初期，很有可能带来整个分类市场的变化。

第三，产品有广泛的适用性，使用产品的人群基数大，需求量会急速上升。

第四，产品不会在短期内被淘汰，有着很长的生命周期。

第五，某些趋势类产品甚至会直接优化人们的工作和生活方式。

如果某项产品能够具备上述特征中的一到两项，就具备了引领趋势的价值；而如果产品能够具备四项甚至更多，则是几乎难以遇到的划时代产物。今天的微商有必要将产品选择和开发的重点，放在前一种类型上。

不妨来看看2016年微商圈最热门的趋势类产品，其中包括：

面膜类产品。该类型产品一直作为微商最火爆的产品而受到客户喜爱，甚至许多人最先接触微商都是从面膜开始的。面膜本身是消耗型产品，不分年龄和社会阶层界限，而且具有很明显的作用对比，带有传播属性。

基础化妆品类产品。微商团队做化妆品成功的比比皆是，其中包括清洁类用品如洗面奶、卸妆水等，护肤型用品如爽肤水、乳液、霜、防晒霜等。基础类化妆品是普通女性的日常消耗品，占据了消费趋势中相当大的比重。

彩妆类产品。由于目前微商的客户人群定位集中于女性，因此口红、BB霜、唇线笔、眼影、眼线笔、腮红等彩妆产品也符合趋势类产品的特点，包括易消耗、和生活密切相关、具有传播效力等。

相比之下，**洗衣片**是异军突起的新产品品类。该产品首先具有一定的新技术含量，和市场上常见的洗衣液、洗衣粉之类有很大不同，也被看作洗涤领域的新产品。此外，洗衣片本身属于消耗品，和家家户户的日常生活有密切关系，也造就了其趋势产品的属性。

内衣类产品。微商内衣产品包括男性内衣和女性内衣。其中，男性内衣以"英国卫裤"为代表，其产品技术具备创新点，具有明确的功能作用，能够引领市场趋势；女性内衣以无钢圈内衣为主，由于无钢圈内衣占据了内衣市场的较大份额，加上使用者广泛，因此能够帮助微商团队迅速打开市场和建立品牌。

当然，并非所有的微商团队都和上述产品有关联，但只有正确选择趋势产品，才便于打造出"爆款"，并方便团队内部对营销模式进行复制和裂变。面对如此不争的事实，任何微商创业者都应该谨慎选择产品，力求跟上趋势类产品的变化脚步，以免错过财富分配的风潮。

10.3 借势大咖与明星团队，你能少走弯路

微商营销很大程度上是一种眼球经济。在互联网中，谁能够尽快获得更多人的关注，谁就能拥有从市场中获取更多利益的可能。

然而，受众的关注力总是有限的，如果是微商创业者，更容易被淹没在茫茫信息流中，无从让客户认识自己。此时，能够借助大咖明星团队的力量，成为微商经济的主流借势方法之一。

其实，借助大咖明星团队的营销，本身就是对借势营销最好的解释。借势营销是将产品或品牌的推广，融入到客户喜闻乐见的情境中，从而利用情境本身的传播力量，带动产品和品牌的推广。

而大咖明星团队更是势头的领跑者，他们作为微商业界的领军者，经历了种种成长过程，并能不断钻研、艰苦拼搏，成为行业的意见领袖。这样的团队，无疑是微商发展趋势的风向标，更是微商专业化道路的奠基者，跟上他们的势头运作产品、打造品牌，可以让创业者节约更多的时间和精力，找准客户的习惯，也能更快走向成功。

2017 年，× × 微商团队在业内名声鹊起，而该团队的曝光则来自其参加的“× × 地区微商千人大会”活动。该活动属于某微商大咖明星团队举办的全国性论坛的一部分，而 × × 团队通过运作，成为了“千人大会”的联合主办团队之一。

简单而言，无论是会议筹办期间，还是举办前后，只要在百度上或微信中输入“× × 地区微商千人大会”，就能检索到 × × 微商团队的品牌，其连

带效应迅速提高了该团队的曝光度。

××团队为什么举办这样的大会呢？实际上，该大会是国内微商业界的权威盛典，在过去数年中，凭借其高度的专业性、讨论的严肃性，在微商业界聚集了强大的号召力。就××团队所参与主办的本届大会而言，有多种产品品类的零售微商巨头参与其中，其影响力可见一斑。正因为这样的背景，××微商团队利用其参与承办的特殊身份，借势获得了极为可观的曝光量。

当然，××团队对于借势的商业嗅觉非常敏锐，也是成功借势的重点。早在数月前，他们获悉该论坛将在2017年新增“微商千人大会”，就迅速与一直主办论坛的大咖团队取得联系，并商讨具体合作模式。在交流讨论中，××团队提出作为联合主办单位来参加会议的方案，最终被大咖团队所接受。

上述案例，正是通过成功的借势营销，为微商团队发展带来了高性价比。相比那些具有高知名度的微商团队，普通团队除了埋头工作之外，更要学会认清流量的沉淀和引导效应，积极以主办、参展等方式，从大咖明星团队的流量分享中获得利益。

那么，应该如何挑选大咖明星团队来借势呢？下面的技巧值得学习。

第一，尽量跨界选择大咖明星团队。

大咖明星团队无疑占据其主营产品品类行业的前排，也是该行业的流量导向重点。因此，如果没有特殊关系或利益分配机制，普通微商很难直接从强大团队那里借势。

与其如此，不妨考虑通过开展跨界合作的方法开展营销，或者与某些综合性的服务大咖团队进行商讨，研究出对双方都有充分利益的借势方案。这样既能保持借势的长期稳定，也能以双赢的结果，吸引到更多能提供借势效应的合作对象。

第二，借势应侧重于获取平台。

××微商团队，在2016年曾遭遇了月成交额和成员发展数量同时大幅下滑的困境。为了扭转颓势，该微商团队加入了 ×× 微商博览会的招展广告，租下了相关展区，通过在展会中和不少大咖明星团队的业务整合，一个月之后，颓势就得到了扭转。

积极参加平台型的微商互动交流，能够让普通微商团队得到更多和大咖明星团队接触的机会。有了接触机会，才有进一步深入合作的可能，正因如此，普通团队不应该放弃任何能够扩大业务平台的尝试，而是要尽量开阔眼界，即便业绩蒸蒸日上时，也应该抽出时间，积极参加博览会、协会组织，以期获得更大的借势平台，如图 10-1 所示。

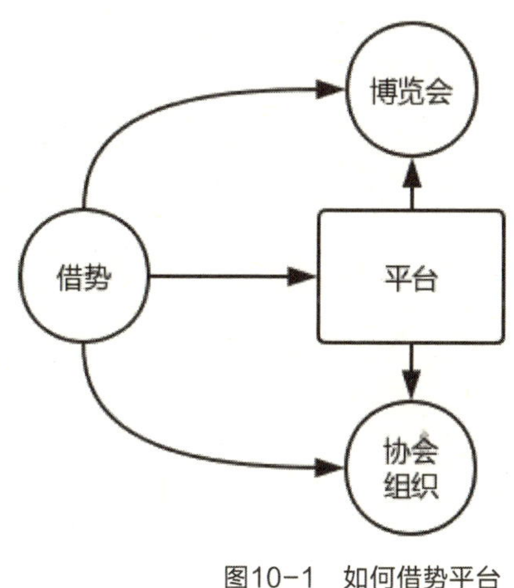

图10-1　如何借势平台

第三，借势应重视自媒体效应。

在可预见的范围内，微商和自媒体的长远战略伙伴关系早已注定。自媒体通过生产内容来引导培养流量，而微商则能够帮助自媒体将价值变现。因此，普通微商完全有理由选择优秀的自媒体大咖明星，同他们进行深入合作，采取不同形式的借势营销。

事实上，微博知名段子手、微信公众号大 V 进行产品营销，已经不是什么秘密，从自媒体创业角度看无疑是成功案例。但从微商角度看，将原本完全同质的产品通过自媒体营销出去，也是非常成功的借势创意。

通过成功向大咖明星借势，微商能够避免走弯路，更好地提高产品质量和服务，降低渠道成本。有理由相信，伴随微商的发展，会有越来越多的人选择在强者身边，做一个优秀的借势者。

10.4 为产品和团队造势的大招

借势强调外部资源，而造势重在内部资源。微商中善于造势者，能够灵活运用有利的内部资源去调动外界系统，打造对自身有利的竞争因素，为产品和团队带来积极的发展良机。造势能够让竞争对手措手不及，也能让自身产生爆发力，这种爆发力甚至在造势过程之中就会体现出来。

更进一步说，微商的造势利用了团队自身的资源条件，也能强调团队的综合能力和核心竞争能力。没有一个善于造势的团队是缺乏信心的，相反，那些人气稀疏、难以发展的团队，往往都输在自我造势能力的缺乏上。

造势想要取得成功，必须要具备两大条件：一是所造出的势头在目标客户人群内产生巨大的影响力；二是在造势过程中，对内部资源进行最大程度地整合。

××团队在拓展××地区团队时，开发一位团队长是其整个拓展阶段的重要目标。这位总代理是当地一个自主创业的微商团队，将其纳入麾下，对下一步发展具有重要战略意义。然而，在沟通中，该团队的关键负责人对××团队并不了解。为了消除不必要的误会和担心，××团队决定通过造势，彻底重塑对方的认识，并为其规划了从企业总部到现有团队的惊艳之旅。

在 ×× 团队公司总部，对方亲身感受到整个团队积极向上的文化气息，亲眼看到了所有能够证明产品质量和荣誉的证书；在若干大城市，对方参与了该团队品牌旗下的招商活动和客户论坛，领略了团队营销的经典场面。通过这次“造势”活动，这家客户终于主动地进入了总代理名单。

无论是线上还是线下，造势总是需要通过不同战术的运用，将商家本身的资源优势予以组合并呈现出来。

在实战中，造势战术既可以单独使用，也可以结合使用，面对不同的对象，就用不同的战术：如果是吸引普通客户，就要以宣传声势为主；如果是为了压制竞争对手，就要凸显核心特色。

总体上看，要让造势的声音尽量形成差异，才不会被嘈杂的市场环境所淹没，选择出最具有吸引力的卖点来集中炒作，才会凸显差异性，使得造势成功。

下面是微商成功造势的六个大招。

第一招，活动造势。

利用微商论坛、展览会或者回馈客户等活动，微商能够有效集聚人气。无论是线上活动还是线下活动，其宗旨在于让更多客户和代理能够借助流量集中的声势，对本方品牌实力产生良好的第一印象。

在活动造势时，要注意利用不同的场地来产生不同的造势效果。如果产品和科技创新有关，那么科技场馆、研究院所或者高等院校都是不错的场地；如果产品有着欧美概念，那么和外资有关的知名外企、商贸协会、展览场馆也是很好的选择；如果产品主打绿色、自然概念，活动还可以选择亲近大自然的环境，从而让客户能够身临其境感受。

第二招，媒体造势。

造势离不开媒体。选择不同的媒体，能够为品牌在更广阔的时空带去持续影响。需要注意的是，如果选择了错误的媒体，效果就很可能事倍功半。

例如，章总是一家微商企业创始人，该微商近期组织了一次客户回馈活动，不惜成本地向老客户赠送了厚礼。为了让“加入会员有好礼”的势头更加持续猛烈，章总希望能够借助媒体扩大影响。由于有熟人在当地报社工作，章总碍于情面，将项目交给了报纸。但实际上，该微商的主要客户主要为九〇后客户，他们并没有阅读报纸的习惯，结果，媒体造势不仅花费多，而且没有收到相应成效。

选择媒体，除了要具备客户群体的针对性外，还要考虑媒体成本的高低。目前来看，普通的自媒体宣传成本较低，分享速度快，传播范围广，非常适合面向年轻客户造势；而地域性的报纸、广播、网站虽然宣传成本较高，但影响集中，利于线下推广，如果微商希望在短期内、地域范围内制造热点，这样的媒体渠道也是重点选择方向。

第三招，热点造势。

造势的目标在于成就热点，如果能够围绕已有热点进行微商造势，就能产生锦上添花的奇妙效果。微商可以借助节日活动、时事新闻、热映影视等机会，趁机将自己的品牌融入其中，采取“搭便车”形式来推广品牌。

如某明星曾到 ×× 市举行见面会，当地 ×× 微商团队立即赶制了“×× 微商团队参加 ×× 明星见面会”的横幅，并要求每个成员都要参加见面会，同时在朋友圈晒出相关照片、文字。由于该见面会在当地是一桩不小的新闻，该团队的集体行动迅速被关注，并炒热了他们手中的产品。

第四招，人物造势。

即便是普通人物，在移动互联网条件下，也有着出名十五分钟的可能性。因此，微商团队可以在适当情况下，推出品牌专属的自明星，从而打造推广势头。

人物造势的方法包括以下几个。

财富神话人物。可以用 ×× 参加微商前后经济状况的对比，对其进行采访、报道，发表特写，营造出其利用微商品牌创造出财富成长神话的氛围。

产品忠实粉丝。如 ×× 微商团队在对数据进行分析调查后，选择出从团队创始以后一直支持的用户，对他们如何体验产品、解决需求以及生活工作情况进行包装，营造出“疯狂粉丝”的热点，促使新客户争相追随。

品牌创始人物。将微商团队最初的创始人作为样板加以包装，突出整个团队受其影响和鼓励，为众多客户带来的实际变化。这样的包装既能够让品牌散发亮点，也可以因为媒体参与采访报道而带来热点。

爱心团队领导。作为团队领导者，有必要突出自己的爱心，并将其中的责任感融会贯穿在营销活动中，向外界加以重点展示。充满爱心的个人形象，和产品、团队结合在一起，能够让品牌更有吸引力。

梁琦是大连人，毕业于大连最好的高中、东北最好的大学，是国际经济与贸易专业、商务英语专业的双学士，如今在一家世界 500 强从事 IT 工作已经 6 年。她不仅长得漂亮、声音好听，还非常喜爱学习，从高尔夫到摄影、微电影、沙画，都是她的兴趣爱好。更重要的是，梁琦非常有爱心和责任心，在认识 Skytex 之初，她就全方位了解产品的特性，做到百分百确信之后，才将乳胶枕向身边的朋友加以推荐。

而且，她始终保持着轻松的心态去看待产品销售，她说：“没事就发点小分享，卖出去就卖出去了，卖不出去就当送礼了，可以送长辈、送朋友，剩下的再赚钱，没多大点事儿。最重要的是自己和朋友用着开心，才能以最好的心态去做微商。”

2017 年，梁琦用丰沛的爱心，组织起自己的团队，在当地成功完成了一次地推活动，并将所有的收益捐献给了自闭症孩子。这个活动同她美丽的外表相结合，形成了很好的声势，让周围许多人对 Skytex 有了崭新而全面的认识。

第五招，荣誉造势。

微商团队应该设法在各类比赛、评奖、论坛上获得荣誉。一旦取得荣誉，除了在日常营销中加以采用、提高产品品牌美誉度之外，还可以集中进行宣传扩大，让荣誉的影响发挥到最大。

对微商而言，荣誉决不只是一纸证书那么简单，而打造荣誉的热度也并非只是简单直接的报道。可以把为了获得荣誉付出了哪些辛苦努力、不同的团队成员怎样贡献了各自力量等素材进行集中筛选，形成系列文案，并以庆祝、纪念的方式在媒体上发表。这样，荣誉的影响力就不会消失，反而能够始终发挥作用。

第六招，数字造势。

在业绩超过某个整数关口时，微商团队应该把握住机会进行造势。例如，会员客户超过一千人、团队成员超过五百人或者业绩达到五百万元等，都是大张旗鼓宣传的良好机会。

尤其是那些正在迅速成长中的微商，在短期内越频繁地采用数字造势的方法，越是能够让有心观察的人意识到其成长的高效，这样很快就能吸引来有追求、有能力和有经验的新人加入。

造势的方法是层出不穷的，但造势并不是造假，所有的热度都应该建立在合理诠释事实和利用接受心理的正确基础上。正确造势，微商就能站在高峰之上，接受被关注、被拥戴的乐趣与荣耀。

10.5 相信自己，相信团队，微商才能赚钱

微商获取利润的能力，很大程度上来自信任力。没有任何一个微商能够离开客户的赞赏和信任，而只有相信自己、相信团队的人，才有资格得到客户的信任，并肩负起创业、引导、指导等一系列决定发展高度的任务。

相信自己，意味着先要毫不怀疑地相信产品。曾经有人问某知名微商大咖：

“在你工作时，似乎没有任何一个反对意见是解决不了的，为什么？你是怎样准备那么充分的？你真的能厉害到将每一种困难都提前设想好吗？”

大咖回答说：“当然不！其实，我首先是百分百相信自己的产品，当现实情况将我逼急了的时候，我化解反对意见的方法会自然而然从潜意识中迸发出来！”

同样，当你经过缜密思考、全面对比和充分体验之后，也应该对自己选择的产品深信不疑，而不应因为竞争者的批评、个别客户的质疑，就导致内心防线的松动，甚至早于客户和团队成员就放弃了产品。要知道，越是轻易放弃产品去改换门庭，微商越有可能表现得心浮气躁，这样做的结果会进一步导致团队成员失去信心、客户失去兴趣。

相信团队，则涵盖了微商领导者在团队内部管理所必须坚持的原则性。众所周知，微商团队并非传统企业，难以在起步创业阶段就有完整、严谨、明确的考核机制、管理制度，这就需要将执行力全部集中在品牌塑造和业绩提升上。

面对实际情况，领导者必须懂得如何放权、授权，让团队内的成员一定程度上拥有自行发展和决策的空间。这就需要微商领导必须有宽阔的心胸，能够真正相信每一名成员，即便遭遇到少数成员的错误质疑，依然能发自内心地相信大多数成员的诚意。

然而，虽然领导者都能认同相信团队的重要性，但真正可以完全做到的并不多见。能够相信团队，必须要有充足的自信，这种自信既表现在领导者对自我吸引力、影响力的肯定上，也体现在领导者对决策方向、品牌、整体市场的信心上。当这样的自信传达给团队之后，他们才能安心于眼前的工作，而不会怀疑自己是否在浪费机会与时间。

当然，信任他人并不代表盲目相信，而自信更不是骄傲。微商领导者一方面要强调信任的重要性，另一方面也要加强学习，能够从千头万绪的工作中找出主要困难所在。

只有这样，才不会被团队成员所反映的问题难倒，反而能够先于他们预防问题、发现问题和解决问题。当领导者个人的眼光和能力体现出足够的说服力时，团队成员会自然信服他的判断，并围绕其形成坚定的团队作战力量。

此外，相信自己，微商领导者还必须要树立高尚的生活和工作目标。不可否认，微商的目标是为了赚钱，但只想到金钱的微商，必然很难在未来主宰市场。

微商必须要学会树立高远志向，能够经常说服自己，相信自己从事的是伟大事业，坚信自己是为了帮助客户、帮助团队成员而在努力。

只有真正相信卖给客户产品并非只是为了赚钱，而是给他们带去好处和帮助，微商内心的自信才会由内而外地呈现出来，从而打动周围的人。

相信自己，相信团队，是微商创业者必备的素质。当你对目前的状况有所怀疑，不妨告诉自己“一定行”，坚持每天不断地向自己重复并勇于尝试，之后你将获得连你自己都无法想象的成就。

10.6 今天的努力是为了明天过得更好

2003 年 5 月，淘宝悄无声息地正式创立。彼时，电商在中国互联网上还只是个并不完全清晰的概念，而广大消费者更没有在电脑面前移动鼠标挑选产品的习惯。十几年过去了，当年最早进入淘宝的卖家，几乎都取得了不同程度的成就，收获了财务自由、个人幸福和美满家庭。

今天的微商，正如昨日的电商。虽然面临着种种艰难困苦、非议指责，但努力耕耘在微商一线的人们，无论是已经小有所成，还是刚刚起步，都是朝向内心的梦想在奋力前进。

因此，他们有理由也有资格相信：今天的努力，是为了弥补昨日的缺憾，更是为了让明天过得更好。

不少微商人都面临过这样的不信任：当他们决定做微商的时候，很多朋友会带着不解询问为什么要做微商，微商里不是有骗人的吗？当试图解释产品是有保障的，他们还是会不理解，甚至会因此屏蔽拉黑朋友。

然而，真正的朋友，并不会因为从事微商的选择就离开你，他们依然会理解、支持和尊重你的努力。即便对于那些离开的人，微商也没有必要因为其误解而放弃努力。

相反，你可以将改变他们对微商的成见，作为事业起步的第一个挑战目标，只有从身边熟人开始影响，你今天的努力才有意义和价值，明天的成就也才更加值得回味与思考。

诚然，选择了做微商，也就等同于选择了巨大的人生挑战。

选择微商，往往代表着不确定性，包含着意想不到的艰难，难以预料的突变。选择微商，不再有朝九晚五的工作，也没有看起来稳定的五险一金。

但另一面，收益往往和风险挂钩，投资如此，人生亦然！当你需要面对微商压力的同时，命运也向你张开了怀抱，只要你敢于努力提升和自我突破，未来必然能获得不少的回报。

正因为风险和机会同时存在于微商，因此，如果你没有一颗强大心脏，选择了故步自封，让时间挥霍在机械重复的劳动、茫然无益的休闲中，当明天来临，面对社会进步和环境变更，或许才会后悔今天未能真正付出，才会错过历史与时代给予的机会。

正如一段经典电视剧台词所说："女人为什么要努力赚钱？是为了在自己伤心难过的时候，可以去最贵的餐厅大吃一顿，不必对着菜单上的价格斤斤计较！是为了世界这么大，你真的可以去看看，不会因为缺钱而等到老了，挪不动步再来后悔。是为了让自己成功的速度，超过父母老去的速度，负担起父母养老的开销，让他们可以在隔壁老王炫耀儿子的时候，也能有吹嘘的资本……"

之所以要付出今天的努力，意义也正在于此：真正的微商并非以金钱来衡量成功与否，而是用赚钱过程中实现了多大人生价值、换取了多大自由空间来自我激励。

请坚信：你今天的流泪流汗，到明天，终将变成盛开于你生活中的鲜花，你今天苦苦攀登迈出的步伐，到明天，终将变成托举你人生的坚定磐石！